脱・ダメ恋愛

一生愛される女になるための最終・最強処方箋

ガーン

ゴマブッ子

すばる舎

はじめに　貴女の恋愛がうまくいかないのには理由がある

別れを告げられた時に「悪いところがあったらなおすから、別れるなんて言わないで！」と言ったことがある人もいるかもしれないし、ドラマや漫画の世界で、そんなシーンを見たことがあるかもしれない。

でも「悪いところ」っていったい何なんだろう。

顔？　性格？　ＧＳＰ（ギャースカピー）してしまうところ？　体型？　ファッション？　気配りができない？　エッチが下手？　酒癖が悪い？　女を捨ててる？　サバサバしすぎてる？　重くなりすぎてる？　相手を束縛したがる？　脈のない相手に突進している？　貢ぎ体質？　空気が読めない……？。

ダメ恋愛をしてしまう人にはいろいろな傾向があるけれど、実は自分で自分の「悪いところ」が分析できていないのよ。または、わかってはいるけれど自分を変えられない人がほとんどなんだと思う。

たとえば相手との距離の取り方とかコミュニケーションの仕方は、恋愛においても家族や友だち、上司や先生と接するのと変わらないのに、恋愛になると感情をコントロールするのが難しくなって、いろんなことを求めすぎてしまったり。「ダメ女」はそれを「だって恋をしているんだから仕方ないじゃない。恋ってそういうもの」と言い切って自分を変えようとはしない。

だから学習せずに、恋をするたびにしくじってダメ恋愛を繰り返してしまう。しかも、別れを告げられているのに「悪いところをなおせば大丈夫」と思っている人は要注意よ。

フィギュアスケートのショートプログラムはジャンプ、スピン、ステップを組み合わせたプログラムで得点を競い合うけど、ダメ恋愛も同じようにワガママ、長文メールを送りつける、キレやすいなどいろいろな「ダメ要素」を組み合わせた結果、高得点の「ダメ女」を叩き出して、お別れ金メダルを獲得しているということに気づかなければいけないの。

そして、「自分を変えるなんてありえない、ありのままの自分を受け入れてもらってこそ本当の恋だ」と思っている人も勘違い。

「ありのままの自分で大切な人とめぐり会えました〜」なんて言ってる女は、それなりに努力してる、それなりにかわいいしかわいげがある、だからそれなりの男と付き合えるし、ありのままの相手を受け入れることができる。なのよ？

でも、ありのままの自分がいいって言って、ダメ恋愛をしてしまう女はありのままの男性を受け入れないくせに自分の全部を受け入れさせようとする。だからうまくいかない。

自分を受け入れてほしいなら、相手が望むことを提供できる女にならなければ、相手にとって付き合うメリットも結婚するメリットもないわ？

多分、この本を手にしてくれた人は、ダメ恋愛してる〜、って薄々気づいていて、いろんな恋愛本を読んだり、友だちからアドバイスしてもらったりしてるのよね。でも結局、聞く耳持たず。

恋愛で良い結果を出せない人は、根本的に自分を客観的に見れない人なんだと思う。とくに恋愛が絡むとね。

だったら違う角度から恋を説明したらどうだろう。そう思って、恋愛で大切なことを、とても身近で、生きるために必要な食べ物や料理に置き換えながら説明する本を書くことにしました。

大学に入るには参考書や過去問を何度も繰り返し勉強するように、この本を読めば自分の恋愛調理方法を見つける参考になると思います。

駆け引きやテクニックではなく、普通の人がごくごく自然にできることができないダメ女のために必要なことが書かれています。

大事にされる女、愛される女になるためにはまず、ダメな自分を変えること。

自分が変われば世界が変わる。自分が美味しくなれば人生が美味しくなる。

自分を美味しくするレシピをしっかりと学んで欲しいと思います。

ゴマブッ子

CONTENTS

第2章

重い女

同じことを繰り返さないためのメソッドを教えるわ！

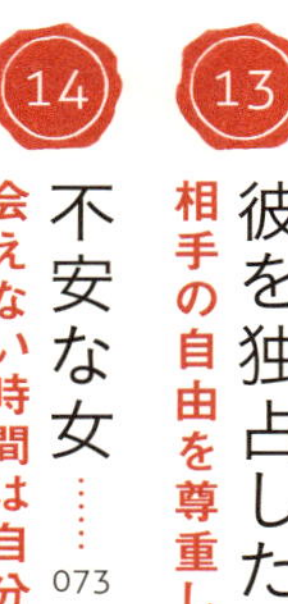

第3章

追いかけてしまう女

愛される女になる秘訣を教えるわ！

第4章

ワガママな女

本当に人を大事にできる女になる方法を教えるわ！

第5章

過去を引きずる女

貴女の目の前には新しい世界が広がっているのよ

ブックデザイン　小口翔平、平山みな美（tobufune）
イラスト　Nobby

自分は選ばれない女と思ってるんじゃないかしら。
恋愛の土俵にあがって戦いなさい！
ダメ恋愛の意識を取り除くわよ！

ちらっ

第1章 彼氏ができない女

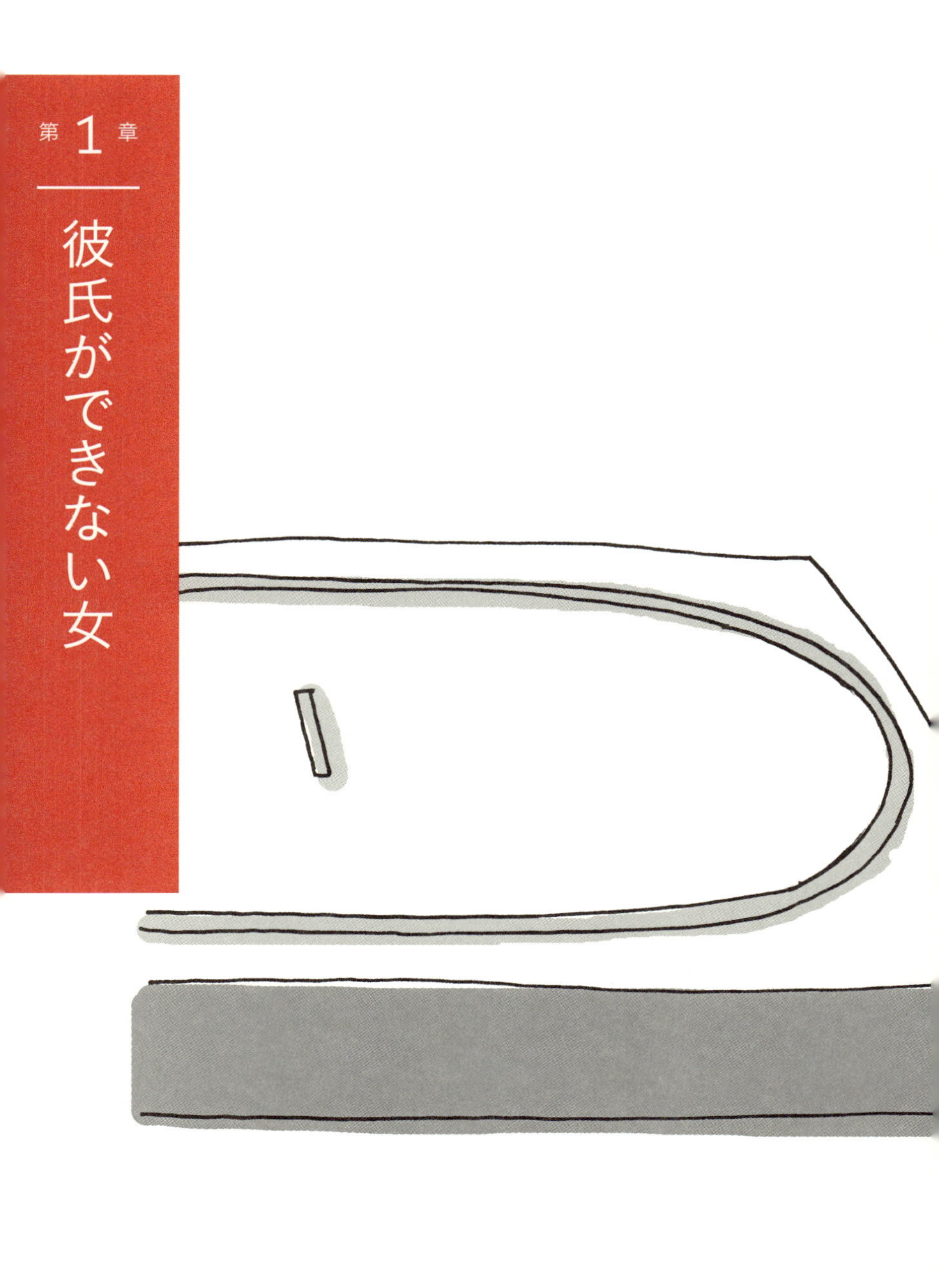

干物女

恋の準備はＯＫ？

たとえばよ？　彼氏いない歴４年を更新しちゃって、そのうち出会いがあると思いながらも、おひとり様も満喫しながらのん気にすごしていたら、出会いもトキメキもないまま、４年がすぎちゃってカサカサに干からびている干物女が私です！

パスポートのように、このままでは彼氏いない歴5年目も更新しそうで怖いの！

早く彼氏を作らないといけないと焦ってみるものの、いざ彼氏を作ろうと思っても、４年も恋愛していないと恋の始め方がわからない！

何から始めたらいいの？って慌てふためいたり、しばらく彼氏がいない女って何か問題のある女と思われるんじゃないかって落ち込んだりして、また時間だけがすぎていく……。そういう30歳〜34歳くらいの女が実に多いのよ！

しかも前の彼氏っていうのが学生の頃から付き合ってた彼氏で、その彼と別れてから出会いがない……みたいなパターンとかね。

もうね？ **こういう女は焦るのが少し遅すぎなの。**

20代半ばとかなら、なんとかなるかもしれないけど、30代とかになると恋愛市場が20代と比べてググググッと狭くなるのよね。

でも、「恋愛したい」と思うことは悪いことではないわ？

今までノンキにすごしていたなら、これからはちゃんと恋を意識する。男性のいるところに出かけてみたり、周りにいる男性のことを異性として意識しながら接してみる。まずはそこからじゃないかしら？

そして自虐に走らない。30すぎた女が自虐に走っても痛いだけ。

干物系の女って、私は干からびた女だから誰からも愛されないんじゃないか、誰からも必要とされないんじゃないかって思いがちだけど、そう思う女は干からびてるんじゃなくて、**考え方が「腐ってる」**のよ。

「ドライフルーツ」を想像してみるとわかるけど、ドライフルーツって乾燥はしてるけど保存性に優れてるし、甘みも凝縮されてるし、最近では健康食品としても愛されていたりするじゃない？

だったら自分のこともそう思ってみる。発想の転換よ。恋愛してなかったから干からびたカサカサの女なんじゃなくて、恋愛はしていなかったけど、それなりに仕事だったり遊びだったり、充実した毎日をすごして自分を成熟させていた。

そんな日々だったと思えば、甘さだったり酸っぱさだったりが自分の生きてきた人生の中に、経験としてギュッと凝縮されてるんじゃない？

それを大事にしたらいいのよ。**久しぶりの恋愛だからって、焦ったり求めすぎたり、重くなったり、臆病になったりワガママになったりしないこと。**

自分から何年も恋愛してないなんて言う必要もないし、そりゃードライフルーツを好き好んで食べない人もいるかもしれないけど、好きで選んでくれる人もいるわよ。

でも。お店に並んでいなければ手に取ってはもらえないように、自分の中に恋愛する気持ちがまったくなければ恋愛とは出会えないかもしれない。

だから男性を意識して。出会いのある場所には積極的に出向いてみたり、周りの人に優しく接してみたり、自分らしく背筋を伸ばしてイキイキとすごすことが大事。

甘い甘い恋ができるその日まで、素敵な自分が保たれるように。

ダメ恋愛脱出のヒント 01

30すぎた女が自虐に走っても痛いだけ。
ごちゃごちゃと言いわけしないで恋しましょう。
そして結婚を考えられる相手を見つけるのよ！

追いかける恋が好きな女

貴女を大事にしてくれる人を見つけなさい

よくある相談の一つに、「愛するよりも愛されるほうが幸せだって言うけど、私が好きになる人は私に興味のない人ばかり。追いかけてばかりの恋では幸せになれないんですか？　追いかけている時は楽しいのですが、落ちついた恋が早くしたいです……」めいたものがあるんだけど、**そもそも「落ちついた恋」を望んでない**んだよね、こういう人って。

絶対に手の届かない人。絶対に無理な人。絶対に自分のことなんか好きにならない人を好きになって、追いかけて追いかけて追いかけて。

そのうち彼も自分のことを好きになってくれて、愛し愛され思い思われ、お互いが両想いで大好きになってラブラブ幸せになるんだわ！

結婚して子どもを産んでずっとずっと一生幸せなんだわ！という妄想をしているうちに、その人を追い抜いて置き去りにして一人で突っ走って息切れして疲れてボロボロになってリタイア!!みたいな。

これ、片想いでも一途でもなく、ランナーズハイだよ。

長時間一人で走り続けて気分が高揚してきちゃったのを恋だと勘違いしているの。

考えてみたら、モテ子で全力で走ってる女なんて見たことないわよね。

「今日生理だから体育休みまーす」みたいな女のほうが、男の子も守ってあげたくなるんでしょ？

自分が好きになった人じゃなきゃ、キスもしたくないし付き合いたくない。自分のことを好きになってくれる人はどうでもいい人ばかりだし、そんな人と付き合ってもトキメキがない！って思う気持ちもわかる。

でも自分のことを好きになってくれない人とたとえ恋愛ができたって、そこに待ってるのは幸せじゃないと思うの。自分の感情が高まる独りよがりの恋になるだけで。

本気で落ちついた恋がしたいって思ってる人は「トマト」を想像してみて？

トマトって好きな人は「甘い」と感じたり、好きでも嫌いでもない人は「酸っぱい」と感じたり。トマトは好きだけど、ピザに入ってる火の通ったトマトは苦手、なんて人もいるけど、でも大嫌いな人は「青臭い」と感じたりするわよね？

同じトマトなのに、どうしてこんなにも人によって印象が違うのかしら？

トマトが苦手な人って「生理的に受けつけない」くらい絶対にトマトを褒めないじゃない？「食べると中がグジュグジュで皮とのアンバランスな触感がムリ！」とか、「とにかく青臭くて不味い」とか……絶対に食べようとしないわよね。

貴女が追いかけてしまう男性も、トマトが苦手な人のように「貴女のことが苦手」なんだと思う。食わず嫌いなところもあると思うけど、生理的に受けつけないとか食べたいとも思わない存在なの。

だからどんなに追いかけても、苦手なものや好きになれないものを克服しようと思うくらいなら、もっと美味しいものを食べようと思うのよ。

残念だけど、食べられないものは食べられないの。まぁ、たま〜に昔は食べられなかったけど今は食べられるようになった……という場合もあるけど、**好き嫌いってなかなか変わらない**わよね。

だから！　自分のことを「青臭い」とか「不味い」と感じてしまう男性を好きになっても美味しく大事には食べてくれないわ？

自分のことを「甘くて美味しくて大好きです」って感じてくれる人とお付き合いしたほうが幸せなこともあると思う。

そこに気づけるかどうかで、ダメ恋愛を卒業できるかが決まってくると思うな。

ダメ恋愛脱出のヒント 02

貴女の恋は片思いとか一途ではなくて、ただのランナーズハイ。自分のことを好きになってくれない人との恋愛なんて幸せじゃないわ？追いかけてもらう恋も選択肢の中に入れてみて。

理想が高い女

こだわりフィルターが幸せを遠ざけてるのよ！

理想が高い女っているのよね。

彼氏がなかなかできないけど、そろそろ結婚もしたいし素敵な人と出会いたい。友人に相談したら「理想が高い」って言われたけど、理想が高くて何が悪い！　だいたい理想を下げて妥協して相手を見つけたところで幸せになれるはずがない！って思ってしまったりするの。

でも、そのこだわりって具体的にどんな人？って聞いてみると「優しくて身長が180センチ以上で、女性の扱いになれていて、でも浮気は絶対しない人で、グイグイ引っ張ってってくれて高収入で、しかもどこかちょっと影がある人で元カレに似てる人！」なんてハッキリしすぎてる人もいれば、「そう言われると……なんて言うか……ビビッとくる人！」なんて曖昧な答えをする人もいる。

「理想はそんなに高くないよ。ただ価値観が合う人がいいだけなの」という人もいる。

でもさ？

理想がたくさんありすぎる人は「この世に存在しない男」が理想だったり、「ビビッとくる人」って言ってる人は単なるイケメン好きだったり、「価値観が合う人がいい」って言ってる人も、結局おまえの価値観がすでに世間とズレているから「結婚がしたい普通の男」じゃ物足りなく感じるんだろ！って話なのよね。

普通の男なんて「牛丼美味い」「サッカー楽しい」「今月金欠」「上司がマジ無能」「綾瀬はるかかわいい」「彼女にするなら俺の趣味を一緒に楽しめる人」くらいしか会話のレパートリーないんだからさ。

このくらいは普通だと思えないと誰とも出会えないの。

理想が高いと言われる人って、「ラーメン」にこだわる人に似てるのよ。

塩、トンコツ、醤油、味噌の味やスープの作り方から、具、麺の太さや硬さ、などなどのうんちく語りながら、美味しい、不味いを評価しがちだったり、誰も知らない穴場を見つけて喜んだり、行列ができる店に行って並んでみたり、「究極のラーメン」を求めて旅に出たり……。

でもそれって結局のところ、自己満足だし自己評価。ラーメンに詳しくなくても美味しい、不味いってわかるよね。自分がその味を好きかどうか判断くらいできるわよ。

恋も同じ。こだわりを持つのは自由だけど、**相手不在のこだわりを持てば持つほど「究極」にこだわって探している人には出会えなくなる。というより、そんな人は存在しない**のよ。

こだわりすぎなくても案外、素敵な男性に出会えたりするものよ。

肝心なことはこだわりすぎることではなく、良い！と思える判断がきちんとできるかどうかじゃない？

理想が高いことがただ悪いのではなく、こだわりの森の奥へと迷い込んでしまったんじゃないかしら？

周りから「理想が高いんじゃない？」って言われる人は、もう一度、自分が探しているものが何なのか考えてみるといいかも。

一緒にいて楽しい人が好き、とかで十分なんじゃない？

自分が何を選びたいか、大切にしたいか、育みたいか、守りたいか、幸せに思うかをふりかえってみて。減点方式で男性を否定ばかりしてないで、自分で作り上げてしまったこだわりのフィルターを一度外して、相手を見てみたらどうかしら。

意外とシンプルなところで、好みや条件がマッチする人と出会えるかもしれないわ。

ダメ恋愛脱出のヒント03

理想が高くて何が悪い、と思ってる貴女！
減点方式ならいつまでたっても王子様は現れないわ。
条件に縛られなければ、出会いは身近にあるのよ。

「彼氏いない歴＝年齢」の女

処女を理由にしないで

彼氏いない歴が年齢で経験がないから恥ずかしい。
友だちはみんな彼氏もいるし、結婚もし始めているのに、自分はまだ処女だから男性からドン引きされるんじゃないかと思うと、気になる人にも告白できない……。だったらもう諦めるしかない。

でも気になる人に彼女ができたらショックだから、当たって砕けたほうがいいのか、でもどうせ私なんて処女だから嫌われるに決まってる……、って悩んでるというか、処女コンプレックスの女とかいるのよね。

でもさ？　処女だから嫌われるっていうよりも、こういう女って恋愛経験が未熟だから、すべてが自分の妄想だったり、自分の気持ちばかりで、相手の気持ちを置き去りにしてしまってるのよね。

「どうせだめなら当たって砕けてしまえ！」みたいになって、自分が伝えてスッキリしたいだけだったりして。結局、性格が卑屈になってるのにドン引きされるだけなのよ。順序立てて関係を育んでいけないのよね。


恋に憧れを抱きすぎて、少女マンガのような展開を夢見てしまって、なかなか現実と向き合えなくなってしまうの。


「好きだから。ずっと好きで片想いしていて辛いから。だから気持ちを伝えてしまおう！　こんな私でも好きになってくれて、こんな私でも受け入れてくれて、こんな私でも愛してくれるかもしれない！」みたいに重くなって告白なんかしたって、勝手に片想いしているのは自分。

何の関係も構築していなければ、相手が同じ気持ちでいることなんてないんだから、「ごめん」って言われて終わるのは当然。

「私が処女だからフラれたんだ！」って勘違いして、よけいに自分の殻に閉じこもったり、傷つくのが怖くて恋愛に踏み出せなかったりしてしまうの。

そんなので悩んでるなら、男の癒し方一つでも覚えればいいのに、まったく空気が読めない女になってしまうの。


妄想がエスカレートしたところで、それは妄想でしかない。そんな自分で作り出した処女コンプレックスに悩んでる女性は、「チェリー」を想像してみるといいかも。

チェリー＝処女
でまんまじゃねーかよ！って声が聞こえてきそうだけど……。

みんな誰でも最初は処女なんだよね。遅い早いなんて関係なく、誰でも最初はみんな処女！　彼氏がいることの憧れや、友だちよりも遅れていることへの焦り。そしていまだに処女であるということにコンプレックスを抱いているわけだけど、処女にどん引きする男もいれば、自分のために処女を守っていてくれたって愛してくれる男もいるわけで、必要以上に落ちこむ必要なんてないのよ。

さくらんぼってさ？　小さなハートみたいな形をしてるじゃない？　素敵なことじゃない。甘酸っぱいさくらんぼみたいに、今の気持ちと今の自分を大事にしたらいいと思うよ。

さくらんぼってね。「赤い宝石」って呼ばれてるんだって。値段が高いから……ってこともあるみたいだけど、高くて上等!!

自分は処女だから価値がないみたいに思ってる人も多いかもしれない。でも、まだ誰とも経験がないなんて、そこに価値を見出してくれる人だって必ずいるし、そんなの気にしない人もいるんだから、**自分のことも「赤い宝石」だと思ってみたらいい。**

宝石のように輝いている。それが処女の魅力よ。大切なことは、そんな貴女を大切にしたいと思ってくれる男性とめぐりあうために、努力は惜しまないことよ。

だから何事も自分で決めつけないこと。頭をもっと柔軟にすることが必要なのよ。

★ダメ恋愛脱出のヒント04

恋愛経験が少ない女は順序立てて関係を築けないのよ。

まずは、男の癒やし方を覚えなさい。

貴女を本当に大切にしてくれる男に出会うためにもね。

過去の栄光にすがる女

「今」の貴女の魅力は何？

20代の頃にちやほやされたのが忘れられないという30代女性も、ダメな恋愛をしがちなのよね。

「30代になっても20代の頃と同じようにモテるだろうと安心していたのに、30代になった途端にちやほやされなくなった」

って焦る一方で、でも20代の子には若さでは負けるかもしれないけど雑誌の真似して女を磨いているから女性としての魅力は増しているはず！　年齢は記号でしかないから気になんてしない！　だから20代の子になんて負けるはずがない！って、**なぜか**

20代に敵対心を抱いたり。

「結婚」「独身」というワードに敏感になりすぎた結果、ちょっと優しくしてくれた人と簡単に寝てしまったり。

挙句の果てに「出会いの場所が悪いんだわ！」って常に何かのせいにしてしまうのね。こういう女を人は「**迷走中**」って言うのよ。

たしかに年齢は記号でしかない。年齢と共に増す魅力も当然あるでしょう。でも婚活業界は女性のほうが多いし、まともな男性や収入のある男性ほど子どもがほしいと思っている。そうすると結婚相手に求める条件に「若さ」が含まれることは否定できない現実でもある。

20代の頃、ちやほやされてモテていた過去の栄光を引きずっていて自分に釣り合う男はもっとイイ男！　30代でもモテるはず！なんて思ってた。

だから、自分の市場価値が20代の頃と違って下がってしまっていることに気づけない。しかもお金を使って努力して私ってイイ女でしょ！って思い込みがある。

でも**30代の独身女性で、美容とファッションに気を遣って、お稽古ゴトもしてる人なんてたくさんいる**からね。みんなやってることやっても何もすごくないよ？

過去にモテた過去が忘れられない人は「つけ麺」を思い出してみるといいかも。

券売機で食券を買って、席に座ってお店の人が券を取りに来て、注文成立ってタイプの某つけ麺屋さんに初めて入った時の話なんだけど。

あたし、大盛り食べようって思ったんだけど大盛りの券が売ってなくて、ん？って思ったら特盛って券があったから、きっとこの店では大盛りって言わずに特盛って言うんだ！とか思って特盛の券を買ったのよ。

そしたらさ？ 大盛りは無料で、結局3人分の麺が乗った特盛を頑張って食べる羽目になったんだけど。

麺増量ってつけ麺の世界では割と常識。その常識を自分もやっていませんか？

あれもやって、これもやって、だから私はイイ女！って思ってるかもしれないけど、それ、つけ麺業界の「大盛り無料」と同じよ。

もともと麺は安いものだから、大盛り無料にしても店的には大したコストにはならないように、もともと市場的に安くなってしまった30代が、見た目だけのパフォーマンスを大盛りにしたところで、女性としての魅力が磨かれているかは疑問。

化粧を盛っただけみたいな「イイ女感」はみなさんやられていますから、そこで勝

負しても結局ちやほやされることはない。

あとは価格競争で「自分をどれだけ安く見積もるか」って自分の値打ちを下げることでしか出会いを見つけられなくなってしまうわ？

つけ麺業界がどこでもやっている「大盛り無料」では個性がないように、大盛り以外にも自分の魅力を輝かせるために、必要な自分づくりを今だからこそやってみる価値があるんじゃないかしら？　**親切や笑顔を大事にしてみる**とかね。

もちろん出会いの場を変えることも大事。だけど、今、自分が見落としていることはないか、大事なことを忘れていないか考えてみましょう。

ダメ恋愛脱出のヒント05

自分の市場価値は20代より30代の方が下がってしまうのは事実なの。30代からは見た目だけのパフォーマンスを大盛りにしても意味ないわ。もっと内面を磨くことを重視して。

個性的な女

個性は恋愛に関係ないわ

個性的な女っているのよね。ファッションが尖ってる個性もあれば、思想みたいなのが個性の場合もあるし、私は人とは違うって思い込みがちな性格の個性もある。個性は否定しないけどさ？　こういう人たちって、**自分の個性は受け入れてほしいくせに、個性的な男性は別に求めてないのよね。**

普通なイケメン。普通に高収入。普通に優しい。普通の素敵な男性が理想だったりして。いやいや。普通のいい男は普通のいい女を求めますから！

自分に見合う個性的な男を見つけたらいいいんじゃないの？って話。

だけど、そういうことを説明すると**「私は自分を変えてまで恋愛しようと思わない」の一点張り**で心を閉ざしてしまったり、「変な男とか嫌じゃん！」って「個性的な男」は「変」呼ばわりですよ。

もしもーし。自分も「変」だって気づいてますか？みたいなね。

友だちからの「面白いからそのままでいなさい。ありのままのあんたを好きになってくれる人が現れるから」という言葉を鵜呑みにして、個性丸出しですごすと、合コンでも職場でも浮いてしまって、本当にこのままでいいのかわからなくなってしまうの。

そういう人は自分を「めんつゆ」だと思ったらいいのよ。

どんなキャラでどんなふうに個性的なのか、それは自分を客観的に見てほしいけど、他人からみると、「個性」なんて要するに「濃い」のよ。

日本人って「普通」を好むから、みんなが思ってる「普通」からはずれてしまうような「個性」、ファッションだったり、趣味だったり、性格だったり、話し方だったり、っていうのはやっぱりなかなか受け入れてもらえない。

友だちは面白がって「あんたはそのままでいいよ」なんて言うけど、言ってる子た

ちはみんな「普通」だから彼氏が普通にできるし、普通に結婚もできる。

要するに普通の子たちはめんつゆで言ったらストレート。割らなくてもそのまま使えるの！　だからそのまま付き合ったりできるけど、個性的な女は濃いキャラだから濃縮されためんつゆなのね？

濃縮タイプのめんつゆをそのままそばつゆとかに使用したら濃すぎて食べられないわよね？　拒否反応が出るのよ。貴女の周りの人も同じ。**濃すぎてNGなわけ。**

もちろん、ありのままのキミでいいっていう人もたしかにいると思うけど、そういう人ってきっと「水で薄めなくても別にそのままで使うし……」くらい相手も変わっ

てるし、個性的な場合が多い。

だから相手に求めるものが「個性的」でもいいなら「でしょ？　めんつゆは濃縮タイプを薄めずにそのまま使うのがヤバ最高よね？　どうせ食べてるうちに薄くなるし!!」くらいでいいから、そのままの自分を突き進めばいいと思う。

だけど、もしも相手に求めるのが「普通」なら、**自分のキャラやファッション、そして言動なんかを時と場合に応じて、少し薄めてみればいいんじゃないかしら？　合コンでは1：1、職場では1：2、片想いの彼の前では1：3みたいな感じでね。**自分のためじゃなくて相手のために必要なことよ！

そして自分の個性は誰かに見せるためじゃなく、そっと一人で楽しめばいいのよ。

ダメ恋愛脱出のヒント06

普通な男と付き合いたいなら普通の女になるしかない。
相手に合わせて、自分の個性を少しずつ出したらいいわよ。
そっちのほうが、恋が実る確率上がるわよ？

ボディタッチする女

触れるか触れないか、ぐらいが興味持たれるわよ

未解決事件並みにボディタッチの案件ってあるよね。

雑誌で「ボディタッチが効果的」とあったので、合コンやカラオケで積極的に男性に触ってみたけど、まったく効果がありませんでした的な。

あったとすればお持ち帰りされたくらいで次につながることがない。ボディタッチで男性を落とせるというのは本当なの？とかさ？

合コンで彼氏がいるのを隠して参加した女友だちが、男の子たちにボディタッチをしたら、モテモテになって全員からＬＩＮＥのＩＤを聞かれていた。それに比べて自分は、ボディタッチができないから誰からも連絡先を聞かれなかった……。やっぱりボディタッチが最強のモテテクなの？とかね。

まぁぶっちゃけたことを言えば、顔がかわいい子がボディタッチを使えばそれなりに効果的だし、ブスがやったところで効果はないどころかドン引きされるだけなのよ。

自分だってイケメンから「髪が綺麗だね」って褒められたら嬉しいけど、ブ男から同じことを言われても「こっち見るな！」って思うのと同じよ。

それにモテ子っていうのは誰にでも笑顔、誰にでも優しい、誰にでもボディタッチをするから男たちが勝手に勘違いするのよ。

だけどモテない女って、どうしても気になる人だけ贔屓してしまうから、その人だけに笑顔、その人だけに優しい、その人だけにボディタッチ。**それで、好きですオーラに気づかれて、相手が逃げ腰になってしまい、しくじってしまう。**

ボディタッチをするべきかしないべきか悩んでる人は「麺」を思い出してみて？

ラーメンでも蕎麦でもいいわ？

茹でたての麺はコシがあって、ある程度の「かたさ＝弾力」もあって美味しいわよね？　でも伸びてしまった麺はどうかしら？　コシがないしふにゃふにゃしてるし、口の中でドロドログにゃぐにゃして美味しいとは思わないわよね？

ボディタッチも同じよ！　ベタベタと触りすぎると逆効果。伸びてしまった麺みたいなの。

男性からしてみればベタベタ触ってくる女は、「誰にでも触っていそう」と「軽い」女に見られたりするし、相手がイケメンなら、女子からのボディタッチなんて慣れているので「こいつ、俺のこと好きなのかな？」くらいには思うけど、だからって何とも思わないのよ。

でもさ？　たまに伸びた麺のほうが好きって言う人もいるじゃない？

まぁそれは好みだから、ボディタッチが積極的な人が好きっていう男もいると思うし、鼻の下ものびちゃってボディタッチにコロっとしちゃう人なんかは「女の子に慣れてない」「あまりモテない男性」だったりするけどね。

そして！　伸びた麺でも不味くてもとりあえず食べておくか……というタイプにはお持ち帰りされてしまうんじゃないかしら？

男ってやっぱり追いかけたい生き物だから手ごたえがほしいのよ。でも積極的すぎるボディタッチの女は、歯ごたえのない麺のようにてごたえがないのね。

「ボディタッチ」くらいでしか男を落とせないと思っているような「モテない女」は図々しくベタベタ触るよりも、一瞬触れたか触れなかったかくらいの軽い接触くらいでいいのよ。

そのほうがドキッとするし、身体的な弾力だけやなく「あれ？　この子、俺に気があるのかな？　ないのかな？　さっきぶつかったのって……」と考えているうちに気になって、内面的な弾力にも興味を持ってもらえることもあるかもしれないわ？

まぁでも、**モテ男やイケメンには、普通の女がボディタッチしたところで、ほとんど効果はないと思って！**

ダメ恋愛脱出のヒント07

ベタベタ触りすぎるのは軽い女と思われる。

女慣れしてる男には何にも思われないわ？

一瞬、触れたか触れなかったぐらいの軽い感触がいいのよ。

当たって砕ける女

恋は相手の気持ちが第一

駆け引きができない女ってさ？　どうして自分が思ったことを全部やらないと気が済まないのかしら？

元々駆け引きができないならできないでいいのよ。駆け引きなんて10代の頃からできている女の特権であって、20代、30代になって覚えたってそんなにうまくいくもんじゃないんだから。

だけど駆け引きができない女って「だって私は突っ走ることしかできないから！」とか言いわけして、ダメで元々当たって砕けろの精神で自分の気持ちを知って欲しさに告白しては玉砕したり、メールを何通も送りつけてブロックされたりしてるのに学習しないのよ。

だめだめ！　好きな人ができるとつい……自分の気持ちが抑えられなくて……みたいなのって、その時点では片想いなわけでしょ？　下手したらヒトメボレ程度。

自分は相手のことを好きになってしまったのかもしれないけど、**相手には何の気持ちもないのにガンガンメールを送ったり、白黒はっきりさせたいという都合で告白されても、気持ちが通じるはずがない**のよ。

駆け引きができないなら、せめて恋愛を始める時の鉄則、**おはしの法則（押さない、走らない、喋りすぎない）**を守ること。そこからでしょ？

男は追われるより追いかけたい生き物だから、女からはグイグイ押さない。男に追いかけてもらうための余裕を残すこと。

走らないということは、我慢できないからって自分の思い描いた妄想を実行することが、必ずしも相手が望んでいることではないと冷静になること。

そして喋りすぎないってことは、よけいなことを話して自分の印象を悪くしないってこと。

そこでようやくスタート地点に立てるのよ。恋愛に必要なのは勢いだけじゃないの。**粘り強さも必要なの。**

「オクラ」を想像してみて？　オクラの粘り気の正体はペクチン、アラピン、ガラクタンっていう食物繊維なんだって。

なんかアラビン、ドビン、ハゲチャビンみたいな呪文のようよね。

ペクチン、アラピン、ガラクタン、恋をしたらこの呪文を唱えてみたらどうかしら？

気持ちが先走る前にじっと我慢。相手のことをリサーチしたり相手にとって魅力的に見えるように努力してみること。それは駆け引きではなく当たり前のコミュニケーションよ。

つまり**駆け引きができない女はコミュニケーション能力がない女**なだけなの。

たとえばよ？　合コンで出会い、「飲みに行きませんか？」と連絡がきた。とりあえず、話したい気があるな……と分析する。それで飲みに行ったら、相手が自分を喜ばせようとしているか？を言葉、そして行動から察する。

次にまた誘いがきた。これはもっと話したくなったということ。だからもし貴女も相手に対して興味があるなら、彼がどんな人か、たとえば出身地や家庭環境とか仕事への考え、女への考え方、どんな女性が好きなのかをリサーチしていくの。

免許を取る時だって過去の問題集とかやるわけで、何もしないで当たって砕けるのは勉強しないから免許も取れないのと同じ。

相手から好意を持ってもらうって嫌な気持ちではないから、一度に自分のすべてを伝えたくなるかもしれないけど、最初のうちは少し見せるくらいでいいのよ。

全部をぶつけても、相手にその受け皿がなければ届かないし受け取ってもらえない。

オクラって夏バテ防止にも効くみたいだけど、出だしでバテバテになって終わらせるんじゃなく、じっくり時間をかけてみることをやってみたらどうかしら？

オクラの断面って星形だけど、キラキラ輝く恋は努力なしではじまらないのよ！

ダメ恋愛脱出のヒント08

玉砕覚悟のアタックは迷惑なだけよ！

気持ちが先走る前にじっと我慢しなさい。

じっくり相手のことを考えることが良い恋の秘訣よ。

三枚目に走る女

面白さは控えめに

三枚目に走る女。要するにお笑い系の自虐的しくじりを繰り返してしまう女性っているのよね。

ま、あたしもそのうちの一人で、バーでイケメンを見つけたら「今日はイケメンがいるから飲んじゃうわ?」っておおはしゃぎしたり、「あたし、ただのゲイじゃないのよ?　金持ってるゲイよ?」って叫んで周りをドン引きさせたりと、あらやだ?　今日も盛り上がったわ?とか勘違いして帰ってくるんだけど……。

面白い女ってさ?　美人じゃないから私のできることは盛り上げ役くらい……って

思い込んで、職場でも飲み会でも男性と二人きりでも明るく振舞いモノマネしたり、シモネタにも平気で会話ができてしまう。

本人は気をつかってるつもり、または自信のなさから無視されるよりマシだから……なんて空回りしてるんだけど、そのせいで雑な扱いをされてしまう。

アイツは何を言っても平気な女だって思われたりするだけで、かわいいねとか好きだよって言われることなんて皆無なのよね。だって**「面白い女」止まりだから。**

面白い女っていうのはモテないのよ。だって自分が男だったら面白い女を彼女にしたいと思うか？って話じゃない？

面白い女は面白い女なんだよね。そこに気づかないとダメだと思う。もちろん、もともと明るい性格で面白い女もいるけど、面白い女を演じてしまう人の中には、過去に苛められたり無視されたことがあって、無理して楽しいキャラを演じてる部分があったりすることもある。

そういう時はね？　こう考えてみるのよ？

「福神漬け」って聞いて何を思い浮かべるかしら？

福神漬けから連想されるものを頭の中に思い描いてみて？

やっぱり思い浮かぶのって「カレー」じゃない？

福神漬けの味とか色とかそんなの全然関係なくて、福神漬けと言えばカレーってイメージがあることってすごいことだと思うのよね。

人にもいろんなイメージがあってさ？　人から見えるイメージと自分が思うイメージって実は違っていたりもするんだけど、面白い女っていうのは誰の目にも「面白い女」と映るイメージなんだと思う。

それが良いことか悪いことかはおいておいて、男性が求める理想の彼女とか奥さんとかさ？　アンケートの結果を見ると、価値観が合う、優しい、明るい、料理ができる、楽しい、ルックスとかいろいろあると思うのよ。

明るいと楽しいまではいいんだけど、「面白い」を理想にしてる男ってあんまりどころか、ほとんどいないと思うんだよね。

彼女に面白いは求めてない!!　福神漬けは「カレー」に合うけど「タイカレー」には合わないね……みたいなものでさ？

面白い女っていうのは彼女に結びつかないんだと思う。

だから**面白い女から明るい女性、楽しい女性くらいにシフトチェンジしてみるのもいいかもしれない**わよ？　そして優しい！とか、気配りができる！とかさ？　面白い以外にも素敵な魅力を身につけて、それを武器にしてみればいいと思う。

かわいげだったり笑顔だったりは、自分の努力で増やせるはず。

「面白い」は全面にアピールしすぎずに、カレーの付け合せに、らっきょうと福神漬けとスライスされたドライオニオンやポテトサラダと……**いろいろ選択肢のある中の魅力のひとつとして持ってみたらいいんじゃないかしら？**

そうすればカレー（彼）と相性マッチ！するかもしれないわ！

三枚目の女は雑に扱われるわよ。かわいいねとか好きだと言われることなんて皆無。男に愛される魅力を磨きましょう。

10 売れ残りの女

「焦らない」と決めるのよ！

売れ残りって言葉は残酷よね。

スーパーの食料品売り場でさ？ 閉店30分前になっても売れ残っている惣菜みたいに20％OFFが50％OFFになって、それでも誰も買ってくれない……もうこうなったらタダでもいいから、誰でもいいから引き取って!!って気持ちになったりする。

だから売れ残りって言葉は残酷。**30すぎて結婚してない人がまるで何か問題があるみたいな言い方でさ。**悪意しか感じられない……なんて思ってしまう人も多いかも。

負け犬って言葉も流行ったけどさ？ あれが流行った頃は独身の友だちもたくさん

いたし、いつか結婚できるって思っていて負け犬なんてどこか他人事に思っていたのに、いつの間にかアラフォーになってしまって独身の友だちもいなくなった。

いつの間にか笑えなくなって毎日が悲しい……って人生に悲観してしまったり。

結婚という言葉に敏感になりすぎて他人に攻撃的になってしまったり、漠然としていた不安がリアルな不安になって夜も眠れない……。

恋がしたい、結婚がしたい、でも出会いもない、誰からも必要とされない……ってどんどん落ち込んだりして、どうしていいのかわからなくて行きづまってしまう。


そんな八方ふさがりになるほど、売れ残りに見られるのが恥だと思ってしまう人は、「クリスマスケーキ」を思い出してみるといいわよ!

クリスマスケーキを女性の結婚適齢期に見立てた言葉が昔は流行ってた。晩婚化の今の時代ではとっくに死語のようだけど、クリスマス当日の12月25日をすぎても余っているケーキは安い値段で売られて、売れ残ったら店員が食べるか捨てられる運命。

24日に売れているうちが花。24歳までなら、結婚にいろんな条件を夢見てもOKだけど、25歳をすぎたら自分の理想は下げて結婚しなければいけない。みたいな意味。

今の時代で言うならケーキも保存できる時代だから、すぐには傷まない！　年をとっても美魔女みたいになれば、見た目に損失はない！とかになるかもしれない。

だけど、**そもそも相手もいないのに、「結婚していない自分は売れ残り」という呪縛にかかると空回りするだけ**なのよね。

人の目が気になるとか、結婚していないと不幸と思われるのが嫌とか、みんな結婚してひとりぼっちになったから不安とか。

まずは相手を見つけましょうよ。

そりゃ、市場価値は下がっているからなかなか見つからないかもしれないけど、この人と結婚したいと思える人とまずは出会いましょうよ。話はそれから。

どうしても見つからないなら、思い切って結婚相談所に登録しましょう。結婚相談所はダサイとか言ってる場合じゃないわ！　結婚が目的の人が集まるんだから決まればトントン拍子に結婚できたりするのよ？

でもね？　自分のことを「クリスマスケーキ」だと思ってると、売れ残りだって焦るだけ。廃棄処分されるのを怖がってる。でもクリスマスを幸せにすごしたいって思ってる素敵な男性から選ばれようなんてノンキに待ってるからダメなのよ。

1年に1回。特別な日に買うケーキではなく誰かにとって特別な味。おいしくてやめられない味。思わず手にとってしまう味。食べることが習慣になる味。いつも冷蔵庫の中に入っているのが当たり前の味。誰かのそんな存在になりなさい。

ダメ恋愛脱出のヒント10

結婚という言葉に敏感になりすぎてない？
30すぎて結婚してないなんてイマドキ普通よ。
卑屈にならずに、出会いを求めにいきましょう。

自信がない女

大事なのは自分の魅力探し

自信がない女っていろんなタイプがいるけど、内面的な話なら自信がないくらいでいいのよ。男なんて自信がない女を守ってあげたいって思う生き物なんだから、それを自信にすればいいの。

卑屈にならずに男に噛みついたりしないで素直にかわいらしくしてればいいの。**「ありがとう。嬉しい。こんなのはじめて」って感謝の気持ちや、男が喜ぶ言葉を伝えるようにすればいいの。**自分のいいところを好きになってもらえばいいの。

全部を受け入れてもらう必要もないし、自分が短所だと思っていることも他人には長所なこともあるから、自分で自分はダメなんだって決めつけないこと。

でも……外見に問題があるからモテないんだ……って思ってる場合、間違った自信のつけ方をする女がいるのよ。

習い事に精を出したり、エステやネイルに金を使ったり。

今まではファッションに興味がなかった。メイクにも興味がなかった。でも思い切ってイメチェンしよう！ってしたイメチェンが、男ウケじゃなくて女ウケのファッションだったり個性的すぎたりしてね。

青文字系じゃなくて赤文字系の雑誌読んで！　お願いだから！みたいな。

あとギャル系とかね。ギャル系が好きな男の子からもモテるかもしれないけど、ギャルが苦手な男の子からは不評かもしれない。

今までは野暮ったい感じ、ちょっと古臭いメイクや服装だったけど、**せっかくイメチェンしても万人受けしそうな感じじゃないなら意味がない。**

まずはどんな彼氏がほしいのか。そしてその彼氏が連れて歩いてる子はどんな子なのかをイメージして、自分をそのイメージに近づけていくことが大事。

でも自分がどんな人から好かれたいのかわからない……。今の自分が何となく嫌でイメチェンしてみた……というだけだと、**どこからも需要がない自己満足な結果**になってしまうわ？


自信のつけ方がわからない人はちょっと「納豆」を想像して？

納豆っていろんな食べ方があるわよね。トッピングだってネギを入れる人もいれば、カラシを入れる人もいるし、タレで食べる人もいれば醤油で食べる人もいる。

そこでたとえば女ウケのファッションをトッピングしてみる。これで彼氏ができるに違いない！って思っていても、自分の好みじゃないトッピングやタレのかかった納豆をそのまま手に取って食べてくれる人がいるかな？

我慢して食べるかもしれない。だけど本当は違う食べ方がしたいって思われたら、もうそこでナシなのよ。

まずはトッピング前の自分を好きになってみて。

自分のいいところはどこかしら。優しいところ？　気が利くところ？

そして男の子はどんな女の子が好きなのか。見た目は？　話し方は？　雰囲気は？

よく練って練って練って練って練ってみて！　トッピング前の自分も磨いてみて。

それで見た目と中身と両方磨いたら、出会いに積極的になってみましょう！

それで……もしも評判が悪かったら……もしかしたらトッピングが自分には合ってない。そして、男性にウケが悪いのかもしれないから、男ウケのトッピングに変えてみるとかも考えてみたらいいかもしれないわね。

自信をつけるなら女目線ではなく男目線で自分改造よ！

★ダメ恋愛脱出のヒント11

自分はダメなんだって決めつけないこと。

そして理想の彼といる貴女をイメージしなさい。

男目線で自分を磨いたら、出会いはすぐそこよ？

ぽっちゃりな女

「健康的な見た目」を研究しなさいよ

ぷに子とかさ？　マシュマロ女子とかさ？　ガリガリの女の子よりも少しぽっちゃりの女の子のほうがモテるって書いてる雑誌が以前よりは増えてきたかな……って気がするのよね。

でも男が思うぽっちゃりと、女が思うぽっちゃりに差があるのも事実で、「こじはるや綾瀬はるかがぽっちゃりだ！」って言う男とかもいるわけで……。

そうするとダイエットしたほうが彼氏を作りやすいのか、それともぽっちゃりのままでいいのか……。非常に悩んでる人も多いと思うのよ。

これ、難しいわよね。

自分も相手に外見は問わない。相手も恋人に外見を問わない。割と恋愛体質な二人とかなら体型とかはあまり問題にならないかもしれない。

だけど、自分のスタイルに厳しい男とかだと、相手に求める理想も高くなってくるから、そういう男に見合う女にならないといけないし。

まぁ太っているよりはスタイルのいい子が好きだという男性のほうが圧倒的に多いと思うし。トータル的に見ても体重だけじゃなく、顔も性格もかかわってくるだろうけど。

でもね？ **雑誌（女性誌）が言うぽっちゃりとか痩せとかって、結局、広告ありきなところがあって、どんな女性にどんな服を売るか……が前提だったりする**から、男の本音が知りたいなら、むしろエロ本とか読んだほうがいいかも。

そっちのほうが男目線な女性が出てくるんじゃないかしら。これはあたしの感覚の話だけど、身長マイナス体重が90のラインとかだと異性として見られない……かも。

女からすると身長マイナス体重が１１０とかがイイ！ってなっても、男の好みって身長マイナス体重が100〜105くらいなのかもしれない。

153センチで43キロだったら同性には細いって言われても男からは痩せすぎって言われるとかね。

で、47キロくらいってけっこう重いけど実は47キロだった頃が一番モテた……とか、いやいやもっと細いほうが断然モテたとか、それはいろんな意見があると思うので、この辺の数値は自分でも調べてほしいけど。

きっとそういう男から声がかかるモテ女って、雑誌でも書籍でもいちいちリアルな数字は暴露しないし、声を大にしてわざわざ教えないで「ダイエットだよ♪」なん

て曖昧にする。

でも、ちゃんと実感してると思うんだよね。「男が一番釣れるのが身長マイナス体重で105くらい？」とかさ。

もちろん年齢も関係してくるけど、あまり痩せてると、不幸そうとか意識高すぎじゃね？みたいな感じになってしまうけど、**男の言う「健康的な見た目」を自分なりに研究するべき**だと思う。

でも、体型は極端じゃなければあんまり気にしすぎないことね。

暴飲暴食がやめられなくて、ダイエットに何度も失敗して、リバウンドしてかなり太ってる……っていうなら自分をコントロールする力をつけるべきだと思うし、そんなに太ってないのに断食が趣味な女とかは、それはそれで神経質そうでモテないけど。

てかさ？「こんにゃく」ってプヨプヨしてるじゃない？

でもそれは太ってるってイメージじゃないじゃない？

柔らかくて弾力があってヘルシーで食物繊維も多くてダイエットにもいい！みたいなイメージじゃない？

そういう健康的なイメージを意識することが大事。
痩せすぎでもなく太りすぎでもなく健康的!!　それが大事よ。
あとは性格や笑顔でもカバーして！

ダメ恋愛脱出のヒント12

男と女が思うぽっちゃりには差があるわ。
ダイエットをするならストイックになりすぎない。
男の本音を知りたいなら女性誌よりもエロ本よ！

ずん
彼のことばっかり考えて自分磨きはおろそか。
彼を信用できないあなたはダメ恋愛から抜け出せない。
同じことを繰り返さないためのメソッドを教えるわ！

第2章 重い女

彼を独占したい女

相手の自由を尊重してあげて

好きだから、彼が他の人と仲良くしてたら嫉妬してしまう……っていう気持ちはわかるんだけど、**独占欲が強すぎて自分を見失いがちになってる女**って案外多いのよね。

私は独占欲が強い！　だって恋愛してるんだもん！　それが当然でしょ？　メールを送ったらすぐに返信してくれないと不安で仕方がない！　彼が何をしてるのか気になって仕事も手につかない。

私は彼のことをいつも考えているんだから、彼も私のことをいつも考えていてほしい。彼と休みが同じ日はずっと一緒にいたいし、誰にも会わないでほしいと思うし、友だちの連絡先とかもアドレスから消してほしい。

SNSの日記やコメントにある元カノのこととかは全部消してほしいし、そんなのつぶやいてる暇があったら私にメールして！　浮気も心配！みたいなね。

それなのに独占欲が強いと嫌われちゃうかな？って不安に思ったり……。

まぁ、束縛が激しい女って自分が浮気症か自分に自信がない女にも多いけど、相手の時間を尊重できない女、自分一人の時間を有意義に使えない、恋愛で自立できない女に多いのよ。

そういう人は「ケーキ」を思い出してみるといいわ？

ま、ケーキじゃなくてもいいんだけど。あたしにとってケーキって、とっても特別な食べ物だったりするのね？

ババアだからかもしれないけど、ケーキと言えば誕生日、お祝い、クリスマス、なんか嬉しいイベントの時に出てくるお菓子っていうイメージがあって、普通に友だちとカフェでケーキを注文する時も特別感とかワクワクした気持ちになるわけよ。

多分、嫉妬心の強い女性って、恋愛してる時にそんな特別感だったり、大切な気持ちがあるんだと思うのよね。

嫉妬や独占欲があることって必ずしも悪いことではないし、きっと誰でも持っている感情だと思う。でもさ？ **度がすぎるとやっぱりそれってどうなの？**って感じになってしまうのね？

何の根拠もないあたしの勝手な持論なんだけど、好きなものは最初に食べてしまう人と好きなものは最後に食べる人がいるじゃない？

それで最後に食べようと思って残していたら「あれ？　食べないの？　いただきまーす」なんて感じで友だちに勝手に食べ

られたら怒り出す、泣き出す、GSP（ギャースカピー）な子っているじゃない？

あぁいう子って独占欲が実は強いんじゃないかって思ってしまうのね。


たとえば、楽しみにしていたケーキ。

みんなが食べてるんだけど「私は後でのお楽しみにしよう♪」なんて思って冷蔵庫にしまっておくの。

大事だから、大好きだから、特別だから、楽しみだから、そんな思いが強くなって「絶対、誰も、食べないでね！　これ私のだからね！　絶対絶対食べないでね！　食べたら許さないからね！　名前も書いてるんだからね！」なんてご丁寧に食べ物に付箋まで貼り付けたり、マジックで自分の名前を書いたりして。

それでも心配で何度も何度も冷蔵庫に確認しに行く……。

見張って見張って周りを疑って疑って、そこまでしてケーキを守って結局、食べずに腐らせてしまっては元も子もないわ？

彼には彼の時間があるし、彼には彼の世界もある。それを恋人だからという理由で奪ってしまう権利はないと思う。

相手の時間や世界を大切にできない恋って長くは続かないことが多いわよ。
せっかく美味しく食べてもらいたくて作られた甘い甘いケーキよ。
素直になって美味しく食べましょうよ。少しだけ気持ちを切り替えて。
独占することだけが愛じゃないわ？
相手を認めてあげて自由にすることも愛よ。

ダメ恋愛脱出のヒント13

束縛する女は、恋愛で自立できていない女。
相手の時間や世界を大切にできない恋は長く続かないわ。
彼を自由にすることが貴女の自由にもつながるのよ。

14 不安な女

会えない時間は自分磨きに使って

彼のことで「不安だ不安だ」っていつも言ってる女性っているのよね。そういう女性の多くが「彼が浮気しないかどうか不安だ」って言うのよ。

たしかに浮気する男は多いし、**浮気は絶対にしないなんて誰にもわからないし、誰も言えない**のよ。

それは男性に限らず、女性でもあわよくば……とは誰もが思う感情だったりして、それを理性で抑えるか感情のまま流されるかは、タイミング次第なこともあるのよ。

お酒を飲んでたとかね。

それに既婚男性がよく言うのは、妻や子供がいるから、自分からわざわざ不倫や浮気には飛びこまないけど、女から誘われたら断らない。きっかけは絶対に作らない……というか自分からは作れない。女のほうからきっかけを作ってもらったら、断れないから浮気するってね。

でも、彼が浮気もしてないのに、**メールの返信が遅かったり、誰かとメールをしてると浮気なんじゃないかと疑ったり、仕事が忙しくて疲れている彼を見ると、私といてもつまらないんじゃないかと思ったり。**

こんなに不安なら、いっそのこと別れたほうがいいのかもと思うし、今は我慢してるけど、いつか爆発させて彼に嫌われてしまわないか心配、みたいな女とかさ？

あと好きすぎて不安だから別れたいって言い出す女！　１番好きな人と付き合うと、毎日気が気じゃなくて、苦しくて生活できないくらい愛しくて、いつかフラれてしまうのが怖いから、２番目に好きくらいな人と付き合ったほうが自分には合ってる！っていう子いるわよね。

好きだから不安になる気持ちもわかるし、好きだから彼の気持ちも生活もすべて独占したいと思ってしまったり、自分のことを必要としてほしいとか自分のことをもっとわかってほしいとか思ってしまったり。

そういう女性は**基本的にネガティブな妄想をしてしまうタイプ**ね。「ポップコーン」みたいに次から次へとポンポンポンポンポン、不安を心の中で爆発させてるの。

身の丈に合っていない恋で、愛されていないか不安で仕方がない恋なら別れたほうがいい。だけど、**ちゃんと愛されているのに勝手に不安を作って、勝手に不安になって勝手に彼を信じられなくなって、勝手に彼にぶつけようとしている女はかわいくないわよ！**

自分で不安を作っているなら火を止めましょう。ポップコーンも焦げて食べられな

くなるわよ！

80年代のアイドル河合奈保子さんが「スマイル・フォー・ミー」という曲の中で恋の始まりの楽しさをポップコーンにたとえて歌ってるんだけど、不安な女性だって彼と出会って付き合ったばかりの頃は、きっと楽しい気持ちがポップコーンのようにポンポン弾けていたと思うわ？

それがいつしか不安だけをポンポン爆発させている。もったいないと思うけどな。自分で関係をダメにしないで、せっかくなら楽しく弾けなきゃ。

不安よりファンよ？　不安をぶつけるのではなく、彼が貴女のファンになるくらい、彼が求めているものをさりげなく提供できる素敵な女性になりなさい。

ダメ恋愛脱出のヒント14

自分のネガティブ思考に気づきなさい。
そして不安の火を消すこと。
いつも楽しい素敵な女性なら、彼が手放すはずないわよ？

極端な女

気持ちのコントロールが不可欠

重すぎる、という理由でフラれ続ける女って、自分が重い女だという自覚症状がないのかしら？

連絡がくるまで何通もメールを送りつけるとか、「ゼクシィ」を見せて結婚結婚と騒ぎ立てたり、ケンカすると走ってどこかへいなくなり、後になって「なんで追いかけてきてくれないんだ！」って怒り出したり。

もはや重いじゃなくて単なる情緒不安定な女みたいな人もたくさんいるんだけど、重いと言われたならどうして学習しないのかしら？って思うんだけど、学習はするんだけどなんだか極端だったりするのよね。

全部ぶつけるかすべてを遮断するかみたいな極端な行動に出るのよ。

「重い」って言われてフラれてばかりいたから、今度はサバサバを演じてやる!!みたいにね。**加減がわからないの。**

で、よくあるパターンにメールも自分からはしないし、ワガママも言わないし泣いたりもしないし束縛もしないようにしていたら、彼から「もっとワガママ言っていいんだよ。女の子なんだから束縛くらいしてほしい」って言われて。

「彼は重い女性がタイプなんだ」と思って、過去の恋愛と同じように、怒ったり泣いたり、束縛するように本来の自分に戻ってみた途端、彼に「重すぎる」と言われる!

束縛してほしいって言うから束縛したのに重すぎるなんてひどい!

どうしていいのかわからない!という悪循環。

てかさ? 男ってさ? 勝手なことを言うのよ。もっと甘えていいんだよ、とか寂しかったら寂しいって言っていいんだよ、とか、気持ちをぶつけてくれないと本当に好きなのかわからないよ、とか言うの!

言うんだけどガンガンに甘えたり、「他の女と会わないで!! 私とずっと会ってて」

と束縛したり、彼のいろんなことを管理しようとしたり、泣いて騒いでメールの返信がないだけで、着信何度も残したりすると「ごめん……重い。別れよう」とか言われたりするのよね。

で、こういう感じでいつもフラれてしまう女性の特徴は、最初にも書いたけど**「恋愛の仕方が極端」**ということね。とことん重いか、とことんサバサバかどっちかしかできない!!みたいな。

中くらいに寂しさや甘えや嫉妬を小出しにできないのよ。全力でぶつけるか全力で我慢するかしかできないの。

こういうタイプの女は「サンドイッチ」を思い浮かべるべし。

サンドイッチってさ? いろんな具が入ってるじゃない? 卵とかツナとかカツとかね。で、それを押さえているのがパンなんだけど、ギューーーーッて押しつぶせば中身がつぶれて飛び出してしまうし、パンを持つ手の加減が弱すぎても、中の具材がボトッと落ちてしまう。

重い女の恋愛もそうなのよ。重さと軽さの加減ができない。

男性の言葉を鵜呑みにしちゃだめ。

人と人とのコミュニケーションとして、「ちょうどいい加減」を見つけないと押しつぶされて……または落ちてしまって大切な中身が食べられなくなってしまうわ？

そして。人は別れ話をするときに、とにかく理由を見つけたがるので、重くなれば「重いところが無理だった」って言うし、軽くしていれば「そっけなくて不安だった」とか言って別れようとするの。

でも、**別れる時に理由なんてあってないようなもの。**それだけが別れの原因ではなく、いろいろなことが積み重なって別れになることだってたくさんある。

だから、別れのセリフに振り回されずに、付き合ってる最中を大事にしなさい。

ダメ恋愛脱出のヒント15

重い女はただの情緒不安定。
全部ぶつけるかすべてを遮断するかみたいな行動はやめて。
ちょうどいいコミュニケーションが良い恋愛には必須よ。

メールで愛情を計る女

メールは女友だちとしなさい

メールの頻度も恋人同士のトラブルになりがちよね。付き合う前は電話もメールもくれたのに付き合った途端に連絡が減った！　男ってどうして釣った魚にエサをやらないの！というタイプのトラブルだと、まぁ連絡が減るのは仕方ないわよ。

恋が始まった時のドキドキって、やっぱり嬉しいし楽しいし何してるのかな？って気になるし連絡の回数も多くなる。

でも**付き合って連絡が減るのは、興味がなくなったからでも、釣った魚にエサをやらなくなったからでもなく、安心してるからって意味もあると思うよ。**

たとえば「ちくわ」で考えてみるとね？

あたし、子どもの頃、ちくわを見るとすごく興奮したのよ。だって筒状なんだよ？

この食べ物、なんだ？って衝撃があったわよ。

味なんかよりもさ、棒みたいなのに穴が開いてて望遠鏡みたいに覗けるかな？なんて思ったり、くわえて息を吸い込んだら、汁とか吸えるかな？なんて思ったり（笑）。

ほんと、子どもだったからさ、そういう興味がどんどんわいてきて、行儀は悪いけど、ちくわって楽しい食べ物ってイメージがあった。

でも大人になるにつれて、その興奮はなくなってしまったけど、おでんになくてはならないよね、とか味がしみ込んでて美味しいなとか思うようになる。


メールもそうじゃないかな？　最初は感動がある。でも感動はいつしか当たり前になってしまう。当たり前の日常に戻るのよ。本来の自分のペースに戻るの。

だからメールの回数で愛情をはかろうとすると、どうしても不安になったり寂しくなったりするけど、最初の興味本位のドキドキから、二人の関係がしっかり味のしみ込んだ関係になったって思ったらどうかしら？

おでんの中のちくわのように、なくてはならない、または、いないと寂しい、いて当たり前な存在だったり、味のしみ込んだいい味のする二人になれたら素敵だと思わない？ きっとなれる。そう信じることが連絡が少なくなった不安を取り除くおまじないだと思います。

そして。自分はメールは最低1日5回はやり取りしたいのに、彼がメールが苦手で「俺、あんまりメールしない人だし」とか言われたりして、愛されてないかもって不安になったり「今までの元カノたちにも連絡がないってフラれ続けた」なんて言われたりするのもよくある話。**男で「メール大好き」なんてそんなにいないのよ。**だからメールをたくさんしたいなら、それは女友だちとやるべきね。

どうしても納得できない人はパン屋さんの「食パン」を想像してみて？

好みの薄さというか厚みってあるじゃない？ 8枚切り、6枚切り、5枚切り、とかさ？ 薄いほうが好きって人もいれば、ふっくら厚みがあるほうが食べごたえがあるって人もいる。

まぁ、メールが大好きな人もいれば、メールはそんなにしなくて平気な人もいて、でも、それだけじゃ愛情なんてはかれないからさ。**メールと恋愛してるわけじゃないから、メールに依存しても仕方ない**のよ。

メールは1日何回しなきゃいけないとかそんなルールなんてないのよ。メールがほしい気分の日もあれば、そうじゃない気分の日もあるからさ。

メールの回数はこれじゃなきゃダメ！ってルールを自分で作らないこと。そういうルールを作ってしまうから苦しくなるし、そうじゃないと気が済まなくなるのよ。

8枚切りが好きな人には6枚切りだとちょっと厚いかな……って感じるかもしれないけど、食パンであることには変わらないわ！

あんまり考えすぎないほうがいいわよ。

ダメ恋愛脱出のヒント16

付き合い始めにメールが多いのは、興味本位なだけ。
メールが少なくなったのは愛情が安定している証拠だと思いなさい。
そこでGSPしても、関係が悪くなるだけよ？

すぐ別れ話を切り出す女

試しても恋は壊れるだけよ？

「別れる別れる詐欺」の女って、ダメ恋愛しかしてない印象があるわ？　彼に愛されているか不安で、彼の気持ちをたしかめるためにケンカの度に別れを切り出して「そんなこと言わないで。好きだから別れない」って言われないと愛をたしかめられない女。**別れる気なんてないくせに「もう別れる！」って簡単に言う**のよね。で、最後は「もう終わりにしよう」ってあっさり言われて、どうして！　あんなに好きだって言ってくれたのに！　なんで急に別れてもいいだなんて言い出すの！　やっぱり私のことが好きじゃなかったのね？　なかったことにしたい！　やり直したい！　別れるって言ったのはウソ！　ナシにして！って大騒ぎするの。

こういう女は「アイスクリーム」を思い出してみて。アイスクリームを食べる時に気をつけるべき「二つのこと」を恋愛でも守れないから、残念な展開になるのよ。

一つ目は「アイスクリームを食べすぎてはいけない」ということ。

小さい頃、親や先生に言われなかった？　アイスクリームや冷たい物は食べすぎるとお腹を壊しますよって。でも、子供は食べたいものが我慢できないから、ついつい食べすぎてお腹を壊してしまったり、晩ご飯が食べられなくなったりしちゃう。そんな経験、あるでしょ？　それと同じことをしたのよ。

彼は「別れるなんて言わないでくれ」と、ケンカの度に別れを切り出して彼の愛情を試そうとした彼女に言ってたのよ。でも、彼の願いを無視して別れを切り出し続けたら、そりゃ、アイスを食べすぎてお腹を壊すみたいに、二人の関係だって「壊れる」わよ。そんな女、いくら好きでも付き合っていても疲れるだけ。

彼も好きだった。だけど、**彼の気持ちを壊したのは何度も繰り返された「もう別れる」と言うセリフ**だったのよ。

二つ目。「溶けてしまったアイスは元には戻らない」ということです。

別れのセリフは二人の関係を終わらせるための言葉です。**彼に引きとめて欲しくて彼の愛をたしかめるために言うセリフではありません。**別れたくないのに別れのセリフなんて言ってはいけないの。

別れのセリフを言うたびに、彼の心は溶けてしまったアイスのようにドロドロになったはず。

でも、ダメ女は「溶けたアイスはもう一度冷凍庫で冷やせば元通りになる」と信じて疑わないの。**一度溶けてしまったアイスは冷凍庫で冷やして、見た目は元通りに固まったとしても風味は確実に落ちるわ。**

何度も溶かして、何度も冷凍してを繰り返したアイスなんて、たとえ見た目には変化がわからないと思っても、人によっては食べられないほど不味くなっている。食べられないほど不味いアイス。彼は「捨てる」ことを選んだのよ。もう無理だと。だから彼は別れることにした。

この別れはすべて自分の言動が原因。自分の責任は自分で取る。別れを受け入れましょう。彼が自分のことを好きじゃなかったんだ、とか思わないように。そして悪いところがあったら直すからやり直したいなんて言わないこと。

悪いところだらけでうんざりしたから彼も別れるって言ってるんだから、これ以上彼を苦しめないこと。

ダメ恋愛脱出のヒント17

別れる別れる詐欺の女は、ダメ恋愛確定。
別れのセリフは二人の関係を終わらせてしまうのよ?
次の恋の時は試すよりも信じる勇気を。

「仕事と私、どっちが大事」をやってしまう女

男の仕事は邪魔しない

テレビドラマとかマンガとかではよく見かけるセリフだよね。「仕事と私、どっちが大事」って聞いちゃうみたいなことさ。

でもさ？　ドラマでもマンガでも小説でも、そんなことを聞いたら「おまえに決まってるじゃないか！」なんて言われて、その後、ギュッって抱きしめられてキスなんかされて愛が復活！　私の心配は嘘のように吹き飛びました！みたいなことが書いてあるのかもしれない。

でもそれはあくまでも創作の世界の話です。本屋にならんでる恋愛本を片っ端から読んでみてください。どの本にもそんなことを聞いたところで**関係は悪くなるばかり**だって書いてあるはずだし、そんなことを実際言ったら失敗した、っていう体験談なんて世の中にあふれているのは自分でも百も承知。

なのに彼の仕事が忙しくて全然会えなくて寂しい！　こんなにも会えないなんて、彼は私のことが好きじゃないのかも……って妄想にとりつかれて、聞かずにはいられない、みたいな気持ちになって。

「私と仕事、どっちが大事なの？」って聞いたら「仕事に決まってるだろ」って言われちゃうとか、「そんなの言わなくてもわかるだろ」って曖昧に返事されちゃうとか、「そういうの鬱陶しい」ってキレられる展開になって。

「そんなんじゃない！『おまえが大事に決まってるだろ』って言ってくれるだけで安心できたのに！」とか言い出すのよね。

もうほんと　お　気　は　確　か　？

最初にも書いたけど**「仕事と私、どっちが大事なの？」なんて恋愛中には絶対言ってはいけない「禁句」**みたいなものよ？

男の人って仕事がとにかく大事。忙しい人ならなおさらよ？　そんな質問、聞くまでもなく比べちゃいけないものなのよ。

会えない不安、会いたい不満、仕事ばかりで自分の存在が彼の中にないみたいで、嫌味のひとつも言いたくなるのもわかるけど、そんなの言った途端「ごめん、距離を置こう」って言われるのよ？

仕事の邪魔する女なんて付き合う意味ないものね。


「キュウリ」をイメージして？　キュウリってさ？　全体の90％が水分でカロリーも低いけど栄養もない野菜なのよね。

きゅうりなんて食べても栄養ないし……って思うように、彼のことを待ってるだけで会えないなんて意味ないし……って

思うなら別れて、「仕事なんか適当でいいから毎日会いたいよ〜」なんて男と付き合えばいいのよ。

「仕事と私、どっちが大事なの？」なんて言ったところで意味もないし、二人にとって何のプラスにもならないわ？　しかも採れたてのきゅうりみたいにトゲトゲしいイボで攻撃しても、彼をぐったりさせるだけよ！

でも、彼のことを大事に思い、会えない時こそ彼を支えて癒せる存在でいれば、彼女の支えに感謝してくれる日がきっと来ると思うわよ？

男は連絡がマメじゃないから、言葉も足りなくて不安になることも多いと思うけど、**大切なことは彼の優先すべきことを応援してあげること**じゃないかしら？

ダメ恋愛脱出のヒント18

仕事の邪魔をする女なんて付き合う意味はありません。
会えない時は彼を大事に思う時間だと思って。
彼を応援する女が愛されるのよ。

嫉妬深い女

人と比べない練習、始めなさい

世の中の不公平を嘆く女っているわよね。

たとえば、顔がかわいい子がちやほやされて男の子に甘えて媚びる子がモテたりするのが許せない！　結局顔なのか？　心なんて関係ないのか？　私はかわいくないし媚びたりできないから、嫉妬かもしれないけどそういう女が嫌い!!ってさ？

自分にはまるで心という取り柄があるような気持ちでいるんだけど、**心すら歪んでたらもう誰に相手にされるの？**って話よ。

男に好かれるには媚びなきゃいけないって発想がモテない女にありがちなのよね。

もうお顔コンプレックスの女は「ヨーグルト」を思い浮かべて？

コンビニに行くとヨーグルトって20種類くらい売ってるじゃない？

あたし、ヨーグルトってどれもこれも「ビフィズス菌ですよ」って売ってるのかと思ったら、メーカーやブランドによってヨーグルトの「売り」もぜんぜん違うのね。

キレイを売りにしていたり、腸内の悪玉菌をやっつけることを売りにしてたり、食物繊維を売りにしてたり、悪い菌を減らす、を売りにしてたり、リスクと戦う乳酸菌を売りにしてたり、低カロリーや低糖のものなど健康志向のものもあれば、ブルーベリーやりんごなど果物の味やアロエ入りなんていうフルーティーが売りなものもあるじゃない？

そして加糖だったり無糖のプレーンだったりと、もうこれ、はっきり言って「好みの問題」だと思うよ。気にしない人はどれでもいいから買って食べるのよ。

でも、自分の好きな味を見つけたらそればかりを食べる人もいるし、美味しいものや人気のものはそれだけヒット商品にもなる。かわいい子は仕方がない。誰が見ても「美味しい」から、売れてるしみんなが手に取る。

媚びているって思ってる女子も、別に媚びてるんじゃなくてかわいげがあるだけよ。

たとえば、アロエやブルーベリーが入ってるから食べやすい！みたいな感じね。そういうのが好きな人はそういうのを選んで食べ続けるわ？　飽きたら他のものを食べるかもしれないけど。

でもね？　**かわいい女が憎い。媚びてる女が許せないって思ってる女は、残念ながら自分を腐らせてるのよ。**

他の人と自分を比較して「私なんてどうせ……」って卑屈になって、モテてる女子を妬んだりして自分を腐らせてる。腐ったヨーグルトは誰も食べてくれないよ！

だけど、本当は腐ってるんじゃなくて無糖だったりプレーンなヨーグルトよ。ちょっと酸味が強くて他に味がないの。だからね、他のヨーグルトがよく見えるのよ。あの子は甘くて強そうな菌が入ってる。あの子はストロベリーの味がする。そういうのって売れるよね……。でも、私なんて……って思ってる。

自分以外の女性のほうが良く見えてしまうかもしれないけど、自分のことをちゃんと見てくれて好きになってくれる人っているわよ。

もちろん、他のヨーグルトよりも手に取ってくれる人は少ないかもしれない。だけど、キミじゃなきゃダメって言う人は絶対いると思うのよね。

だから自分のいいところを腐らせてはダメ。自分の良さは自分で伸ばさなきゃダメなのよ。

もしも、かわいげを身につけてみたいなら、自分で果物を入れれば貴女らしいヨーグルトが完成するし、自分というヨーグルトにお砂糖を入れて、果物を入れて、好みのスタイルにして食べてくれる人が現れるかもしれない。稀かもしれないけど、そのままのキミでいいって言ってくれる人もいるかもしれない。

嫉妬も成長につなげればいいし、真似できる部分はどんどん真似したらいいけど、何もしないでイジイジとなって自分を腐らせてはダメよ。

ダメ恋愛脱出のヒント19

嫉妬は自分を腐らせるだけ。
貴女には人には負けない、いいところがあるはずよ。
自分磨きに没頭すれば、男がほっとかない存在になるわ。

プロポーズされたい女

彼を大事にすることが結婚への近道よ！

あたしいつも言ってるんだけど、男の「結婚したい」っていうのは、「いつか誰かと」というだけで、目の前にいる彼女との話ではありません。

付き合ったばかりの頃はとくに気持ちが盛り上がるから、ノリで「結婚したいね」って言ったりもするけど、だんだん言わなくなったりする。

「結婚考えてるよ」っていうのは「真剣に付き合ってるよ」という意味でしかない。

婚姻届に判を押して受理されるまで、男が言う「結婚」なんて言葉は信じてはいけないんだけど、信じてる女が多いのよね。

友だちがみんな結婚してるから……披露宴に行った帰りに羨ましくなったから……親が早く結婚しろってうるさいから……。女には出産リミットがあるから！　同棲だってしてるのに！って騒いだ結果、「キミの時間を無駄にすると悪いから別れよう」とか言われちゃったり。

クリスマス、バレンタイン、誕生日とかにプロポーズされたいのに！

27歳の誕生日までに結婚したかったのに！

どうしてプロポーズしてくれないの！

ってイベントに期待しすぎて落ち込む女とかね。

普通の日じゃダメなの？

勝手に期待して勝手に落ち込んで彼を責めるとか、婚期がどんどん遅れるだけですけど。

いや、その前に貴女は彼に何を提供できるんですか？　彼が貴女と結婚するメリットは？　女にとって結婚はゴールかもしれないけど、男にとっては責任だしタイミングだからね。

もちろん、大騒ぎして結婚してくれる人もいるかもしれないけど、それは彼も結婚するつもりがあったからであって、そんなつもりもない人に結婚を迫ってもギクシャクするだけ。

結婚に焦って彼にプレッシャーかけまくってしまう人は、「ご飯」をおいしく炊く方法を思い出してほしい。

「始めちょろちょろ中ぱっぱ、赤子泣くとも蓋取るな」って言葉があるように、ご飯の上手な炊き方があるのよ。

蒸らしてないのにタイミングじゃないのに、途中で「早く！　早く！」って焦って結婚の蓋を開けようとするから、彼から

「まだ!!」って言われて、不味いご飯＝ケンカになるだけなのよ。

ご飯の美味しい炊き方っていろいろあるじゃない？　昆布を入れる、みりんを入れる、はちみつをいれる、酢を入れる、とかさ？

結婚したいなら彼を脅すよりも、彼が結婚を考えられるような癒し系の美味しい女にならないと、じゃない？

不満ばかりで結婚がゴールだと思ってると、硬いご飯かべちゃべちゃのご飯になってしまう。順番は守らないとだめよ。

米は研ぎすぎないように、結婚に期待しすぎない。

炊飯が終わったら蒸らすように彼のタイミングをじっくりと待つ。そしてさっとご飯を混ぜるように自立した女になる。

自立した女性はモテるって言うけど、女はそれを仕事バリバリ、一人暮らしのキャリアとか勘違いするんだけど、実際は**「自分の人生は自分で決める」ってことが恋愛でも自立した女であり、モテる女**なのよ。

男なら「誰と結婚しても同じだから女ならだれでもいいや。ちょうど今、仕事とかで結婚してないと信用してもらえないと思ってたところだから」という理由で結婚に至る場合もありますが、どうせだったら自分にとって一番良い女といたいと思うでしょ？

だからこそ！　焦る気持ちはわかるけど、ふっくらほっこりして、まずは責めないで冷静に建設的に結婚について話し合いましょう！

ダメ恋愛脱出のヒント20

女にとって結婚はゴール、男にとっては責任なの。
結婚したいなら、彼が結婚を考えられるような癒やし系になりなさい。
それでも煮え切らないなら、見切りをつけるのも大切よ。

追いかけても追いかけても
良い関係にはならないの。
愛される女になる秘訣を教えるわ！

第3章 追いかけてしまう女

浮気される女

いつ別れてもいいんだよ？

浮気される女にもいろいろあると思うよね。

たとえばいつもカリカリ、ヒステリーを起こしてるから彼氏が他で癒しを求める、とかさ？　何か自分にも原因があるから、ついでき心で浮気されてしまう、とかね。

でも何度バレても何度ケンカになっても、浮気をやめない男っているのよね。

ま、男に限ったことじゃない。**浮気をするヤツは男でも女でも繰り返す**のよ。

そして浮気は病気みたいなもんだから、何度も浮気をする人なら治らないと思ったほうがいい。

もちろん、世の中には、男は浮気の一つや二つくらいする生き物よ！って物わかりのいい女もいる。

モテる彼氏のほうが自慢だから浮気は仕方ない……って諦めてる人や、浮気しても自分が本命ならそれでいいんだ！　だって彼はカッコイイんだもん！　絶対誰にも渡さない！　彼といることが勝ちなんだ！って思い込んでる人もいるんだけど、普通の人は浮気されたら悲しいし辛いのよ。

ブログに届く相談でもよくある話に、こんなのがあるわ。

パンドラの箱である彼氏のケータイを見て、彼が浮気しているのがわかってしまい、我慢できなくて問いつめると、泣いて謝ってもうしないって言う。

私の前で浮気相手に電話をさせて、アドレスを削除させて、もし今度したら別れるって約束させて1回だけ許すことにした。

だけど彼氏のケータイチェックがやめられない！

また浮気されるんじゃないかと不安で仕方ない！

とか、どうやらまた他の女と会ってるみたいで、好きだから別れたくないけど、付き合っていても苦しい……。**彼を信じたいけど信用できないって、頭の中が彼の浮気でいっぱいになってしまうの。**そもそも浮気がバレてすぐに「もうしない」って謝る男ほど、またすぐに浮気するけどね。

あっさり認めて謝っちゃうようなヤツは、何度釘刺しても何度見つけても何度泣いてもやめないのが多いけど、謝られるとつい許してしまうのがダメなのよね。

そして浮気されたほうは、**別れず付き合うことを続けるという選択をするなら「許す」ことしかできないんだよ。だから辛いのよ。許すことができないから。**

そして浮気を繰り返す男の場合、一度目の浮気だったら彼に反省させて許そうって思ったけど、でも……二度目もある……って思ったら嫉妬で狂いそうになるのよね。

彼の浮気に悩まされてる人は、「ラスク」を思い浮かべてください。

ラスクって二度焼きのパンって意味なんだって。

一度目のヤキモチで終わらせたと思っていたけど、二度目も妬いてカリカリしてしまったら……。水分がなくなって保存性が良くなるラスクみたいに、愛情はなくなって、でも嫉妬とか悔しさとかだけが保存されていって、心が折れそうなくらいカリカリになってしまったら……。

二度あることは三度ある。もう一度焼いたら、何度も焼いたらどうなるのかしら？焦げてしまって食べられなくなるんじゃない？　いくら保存性があるって言っても、ラスクの賞味期限なんてせいぜい2ヶ月くらいだよ。

浮気してる彼に期待するんじゃなくて、自分がどうしたいのかだと思うよ。

浮気男は変わらないと思う。自分が浮気を許せる人間か。それとも浮気は許せない人間か。冷静に考えて！

別れを選ぶことは決して悲しいことばかりじゃないのよ。

ダメ恋愛脱出のヒント21

何度も浮気する人は治りません。彼に期待するのをやめましょう。そして自分の気持ちに正直になりましょう。

脈がなくても追いかける女

諦める勇気を持ちなさい！

恋をすると不思議なもので、根拠のない自信が温泉のように枯れることなく湧いてくる人がいるのよね。

出会ったばかりの時に、「彼は運命の人！」とか「こんなに気が合う人はいない！」とかさ。大体勘違いなんだよね。

気が合うっていうか、相手が合わせているか、相手の顔がタイプだから何でも許せているかのどちらかの場合が多いのよ。

たとえば合コンで知り合った人と数回のメールをやり取りして会うことになりまし

た。会話も弾んだし楽しかったのでお礼を兼ねてまた会いたいとメールをしましたが、返事がありませんでした。心配になって何回かメールをしたら「ごめん、忙しいから会えない」と言われてしまいました。

って普通はこれ、断られてる！ってわかるはずなのよ。それなのにスーパーポジティブ女は仕事が忙しいのね！　それなら落ち着くまで待つわ！とか思って「そろそろ仕事落ち着きましたか？」って3日後にメールを送信する。

断られてる……ってわかってるけど認めたくない女は、合コンを含め2回しか会ってないのに、「私のことをまだ何も知らないはずなのに、もう会わなくていいと思うの変だわ！　だって私は運命感じてるし、もう1回会えば私の良さをもっとアピールできると思うし！　私は彼のことをもっと知りたいし、付き合いたいとも考えているので、なんとかもう一度会いたい！」みたいな。

いや、要するに自分が会いたいだけですよね、という話なのよ。

気持ちはわかるよ。彼のことをもっと知りたいから会いたい！　会いたい！　会いたい！って思うし、1回や2回会ったくらいでもう会わないみたいに思わないで！　もっと会ってくれたら私の良さを知ることができるし、好きになるかもしれないじゃない！　会ってさえくれたら、私ってイイ女だって絶対思わせるから！くらい、前のめる気持ちはわかる。

でもさ？　よく考えてみて？　そういう時って自分のことが「当たりの女」くらいに思ってるのよね。あげまんよ？くらいにさ。

ただ、「当たり」っていっても、彼にとっては「アイスキャンディー」の「当たりが出たらもう1本」程度の「当たり」。あまり意味のないことなのよ。

ぶっちゃけアイスキャンディーって当たればラッキーくらいの話で、当たりが出るまで買い続けるなんてことはしないじゃない？　しかも当たっても別に食べたくないなら、わざわざ交換しないで棒を捨てちゃう人もいるかもしれない。

その程度なんだよね。彼にとっては貴女というアイスキャンディーをとりあえず一度会うという行為で食べて試してみた。でもそれで、もういいやって感じたの。

それが性格なのか顔だったのか、前のめりな行為だったのか、ただなんとなくタイプじゃなかったのかそれはわからないけど、「また会いたい女」にはなれなかった。

だからそれが当たりでも当たりじゃなくてもどうでも良くて、もう興味がないんだと思う。むしろハズレだったくらいに思われた。

だから**また会えば私の良さを……なんて思ったところで、それは思い込みにしかすぎない。**彼にとっては当たりではなかったのよ。

それはもう仕方ないことなのよ。諦めるのも肝心です。連絡するのをやめて、もし相手から連絡がきたら*3行メールを続けて様子をみてください。

*メールの返信は3行以内にまとめること。つい長文メールを送りたくなるけど、我慢して相手のテンションと同じかそれ以下にすること。相手が前のめって誘ってくるかどうか。相手の気持ちは高まっているかを冷静に知るために自分が前のめらないためのルール。

ダメ恋愛脱出のヒント22

「運命の人！」とか、勘違いのことが多いのよ。
また会いたい女になれなかったことを自覚しましょう。
貴女を「当たり」と思ってくれる人を見つけるほうがずっといいわよ？

ナンパに期待する女

その男に基本、愛はないわ？

ナンパにもいろいろあるのでね。路上でナンパとか、クラブでナンパとか、海でナンパとか、居酒屋やバーでナンパとか。

場所にもよるけどチャラいし目的は一つ。「エッチすること」ってだいたいは相場が決まってるんだけど、エッチした途端に女って好きになったりするからね。

割り切って1回だけのナンパなのに、

「優しくしてくれた彼が忘れられない！」

「エッチするまではかわいいって言ってくれてたし！」

「けっこう、タイプだったし！」

「今、彼氏いないからちょうどいいし!!」

「そういえば、私の知り合いの知り合いでナンパで出会って結婚した人がいたし！」

「私も結婚できるかも！」

って勝手にナンパ男とのセックスが美化されて、いつの間にか好きになってる……。いつの間にか結婚まで意識してるってそれ**単なる妄想**だよね。

「また会いたい」みたいなのって、キャラメルを思いきり噛んだ状態よ。歯にくっついてなかなか取れない!! 後味が悪い!! 歯の中が気持ち悪い！って引きずるのよ。

でもナンパはナンパ。運命でもなんでもない。食べかすだよ食べかす！

「連絡先も渡してるのに連絡が来ない!! メールしたのに返事もない！」

って連絡してどうするつもり？ セフレ大統領夫人にでもなるつもり？


そういう人は「季節限定メニュー」を思い出してください。

あたしさ？ 限定メニューとかに弱いのよね？ ラーメンが食べたくなってラーメン屋に入ったのに夏限定メニューめいたのとかあるとついつい注文しちゃってさ？

しかも冷やし中華、みたいな市民権を得ている「夏の食べ物」みたいなものじゃなくて、「当店オススメ！　サラダ冷やしラーメン（マヨネーズ付き）」みたいなやつを、あたしってばうっかり注文して食べちゃうのよね。

食べてる時は美味しいし満足なんだけど、じゃー明日も食べたいかっていうとそういうわけでもなくて。

夏限定だったから食べてみただけっていう感じなのね。

ビーチでのナンパなんて「夏だから！」「海だから！」「エッチしたかったから！」ってだけだよ？

「かわいいね」なんて、そう言えば、簡単

にエッチさせてくれるからよ？　一度きりの割り切った関係よ？　1回食べれば満足の夏限定メニューみたいにね。夏の終わりと共に夏限定メニューが終わるように、エッチして**バイバイしたその瞬間から彼の中で終わってしまう**の。

お店の人から「夏限定メニューをご注文の方には次回、同じメニューをご注文の際に300円割引の券を差し上げます！」なんて割引券もらっても、また食べたいと思わなきゃ意味のない割引券なのよ。

たとえナンパ男とメアドを交換しても、彼にとっては意味のないもの。連絡が来ない。イケメンはまぼろし！　イケメンとエッチできてラッキィ池田!!と割り切って忘れるしかないわ！

ダメ恋愛脱出のヒント23

ナンパの出会いの多くは限定メニューと同じ。
一度きりのセックスは、時間と共に人生のメニューからは消えてしまう。
付き合う前にセックスをしないで出会える人を探しなさい！

24 彼に変わってほしい女

自分のことしか変えられないのよ

彼に変わってほしいと願う女性って多いんだけど、たとえば、彼が非常識だからこういうところをなおしてほしい……って思いつめてる女性の多くが、**自分の常識や自分の価値観、自分の習慣を相手に押しつけてる**のよね。

「彼には外で恥ずかしい思いをしてほしくないから！」なんてもっともらしいこと言うんだけど、他の誰でもない自分が恥ずかしいと思っている。彼は変わることなんて望んでいないのに「私が彼を変えて見せるわ！」って自分の理想を彼に無理矢理当てはめようとしたりして。

こういう女性って自分が正しい。自分は偉い。自分は何も間違ってない。恋人なんだからそうすることが当然の権利なんだ、って思ってて正論を振りかざすのよ。

でもさ？ **恋愛に正論なんて通じないことがたくさんある**のよ。

だからそういうことを続けてたり、いちいちケンカしてると「なんでおまえにそんなこと言われなきゃいけないの？」って思われて破局を迎えるのよね。

女はケンカしたらそれをリセットできるけど、男はリセットしないし忘れないから、ケンカしたことは蓄積されてって、ある日突然、無理だ、別れようって言うのよ。

女は毎回リセットするから「なんで？ 昨日まであんなに仲良しだったのに！」とか思うんだけどね。

そういう女は彼を変えようとするのではなく、まずは冷静になって相手の立場になって考えてみること。そして自分が変わることを学ばないとケンカしか生まれないことを知るべきね。

あとはダメ男が好きな女よね。ダメ男を甘やかして、お金を貸したり浮気されてボロボロになっても、惚れた弱みで許したり、彼に変わってほしいけど、それがムリなら我慢するしかないのか……みたいなね。

もうそういう女って甘やかすって言うか、典型的なダメ男養成女なのよね。とことん尽くしたり、甘やかしたり、許したり、時には私が悪かったなんて謝ったりしてしまうから男はどんどんつけあがる。

でもはっきり言ってそんなの愛されてないわよ?

優しくしてくれるのは利用価値があるから。浮気されたり、お金を渡したり、何度も傷つけられて、その度にボロボロになって、心に穴を開けられているのよ。

それでも見て見ぬふりをして彼のそばにいたいと思うのはエゴなのよ。

男を見る目もなければ自分の幸せを描く力もない。節穴女にありがちなの!

いい?「レンコン」を思い出して?

レンコンにはたくさんの穴が開いてるけど、それは悪い意味じゃないのよ? 先を見通すとか試験に通るって縁起が良いとされてるのよ? レンコン食べて食感も背筋も心もシャキッとしなさい!!

ダメ男に振り回されて、それでも尽くして、この人に必要とされてるから自分が存在していると、傷つきながら勘違いしてしまう。

心の傷、心の穴は何のための穴なのか。**それを見て見ぬふりして彼で塞ごうとするのではなく、先を見通すための穴、レンコンの穴から彼のことをよく見てみなさい。**

そんなに尽くすほどの価値のある男かしら？　そうじゃないって教えてくれているから心が傷つくんでしょ？　心が泣いているんでしょ？

その男といることが幸せなんかじゃないわよ。心の声にしたがって、その男と離れることが大事なんじゃない？

ダメ恋愛脱出のヒント 24

自分の理想を彼に無理矢理当てはめようとしないで。
他人は自分の思い通りにはなりません。
ありのままの彼を受け入れられないなら、離れることも大事よ。

セカンドな女

一番になれる恋愛しかダメよ

セカンドやってる女、ってある意味、すごいわよね。**彼はいつか私と付き合ってくれるという根拠のない妄想のために耐え忍ぶ女**だもんね。

女はさ？　抱かれたら気持ちが入るし、抱くってことは私のことが好きなんでしょ？って思うけど、男は好きじゃない女も簡単に抱けるからね。

たとえば女は「クリスマスイブにすごすってことは、彼は私のことを真剣に考えてる？」とか思うけど、男なんて「『クリスマスは恋人同士がすごす日だと信じて疑わない女』を抱くのが1年で1番簡単な日」と思ってるくらい、感じ方が違うのよね。

だから女は2番目をやっていればいつか1番になれる、って思うけど男は遊びの女と本命はしっかり分けるからね。

セカンドから本命になれる確率なんてほとんどないのに、友だちにも家族にも不満を口にしないで彼に文句も言わないで、ただひたすら毎日毎日我慢して我慢して、彼が本命と別れるのを待つ日をずっと続ける陰の女。

そんな忍耐力があるなら、もっと素敵な相手を探すほうがずっと簡単でずっと幸せだと思うんだけどね。

それなのにセカンド体質の女ってのは、彼には結婚前提で付き合ってる彼女がいるとかなのに、彼が彼女と別れるように仕向けようとしたり、「好きなのはおまえだけだよ」なんて言葉を鵜呑みにして軽い女になったりして、心がどんどん醜くなっていくの。顔がどんどんブスになっていくの。

ちゃんと理解したほうがいいよね。セカンドは所詮セカンドだということ。

どんなに待ったところで彼が彼女と別れたところで本命にはなれないんだよ。所詮は遊びの女として選ばれているだけで、そういう男には他にも遊びの女がいるんじゃないかなって思うけど。

それでもお目覚めできないなら、「スイートポテト」の説明をするわね？

スイートポテトって聞いたらサツマイモのお菓子って想像するけど、英語でスイートポテトはサツマイモのことなんだよね。

好きなのはおまえって言われたから、**本命になれるかもってセカンドの女は思ってるかもしれないけど、実はやりたい女もいれば、都合のいい女もいて、大好きな女もいるけど、結婚したい本命もいるってこと。**

男が言う「好きだよ」っていうのは「ジャガイモ、サトイモ、長芋、いろいろあるけど、君はサツマイモ」ってイモの種類を言われたのと同じで別に意味はない。

男はヤルためなら何でも言うのよ。結婚したいとか本当に何でも言うの。でも言うのと行動するのはまったくの別モノでしょ？　冷静に考えればわかるはずなのに、そう言われた女は勝手に勘違いして意味を持たせようとするの。

よく考えてよ。好きだから何なのよ。本命じゃなきゃ意味なくない？

他にもキープや本命がいるんじゃなくて、自分だけを大切にしてくれる相手じゃないと幸せになれないんじゃないかしら？

サツマイモを洋菓子の主材料にしてるのって日本だけなんだって。主材料、つまり他の物じゃだめってこと。見つけるべき相手は、貴女をイモのうちの一種類として扱う人ではなく、日本のお菓子のスイートポテトとして大事にしてくれる男性なのよ。

ダメ恋愛脱出のヒント25

男は遊びの女と本命の女はしっかり分けます。
本命じゃなきゃ意味ないよね？
貴女だけを愛して、大事にしてくれる男性を見つけましょう。

嫌われたくない女

「いい人」と愛は関係ない

彼氏とケンカしたことがないことを不安に思う女っているのよね。
友だちは彼氏とよくケンカしていて、ケンカするほど仲がいい！　ケンカするたび
彼との絆が深まってる！みたいなことを言われた途端に不安になる。
私は言いたいことも言えなくて我慢してるのかな？　でも言ったら嫌われるのか
な？とか妄想で不安になるの。
で、そういう女って**自分が何も言えないことがすごくコンプレックスになってる**と
思う。やっぱり思ってることが言えないことってストレスだったりするし、時には勘

違いされてしまって、上手にコミュニケーションが取れなくなったりするものね。

それでよけいに怖くなって口を閉ざしてしまう。貝のように閉じてしまう。そんな自分のことが好きじゃないから不安なんだと思う。

でもさ？　発想の転換をしてみると、言いたいことが言えないのは、思ったことがあっても言えないのではなく、どうでもいいこと、**言う必要がないことは言ってないだけ**、と思えばいいのよ。

よけいなことを言って関係が悪くなることだってある。ケンカしてお互いをよく知ってわかり合えるようになることもあるけど、ケンカが絶えなくて別れることもある。

だからね、言いたいことを言えない自分は気遣いができるってこと。

相手の立場になって考えることができるから、その場の雰囲気を良くしようと人一倍気にすることができるタイプなんだ。そんなふうに考えてみたらどうかしら？

溜め込むのは良くないけど、発想の転換ができたらずっとラクになるんじゃない？

思ってること全部をぶちまけることがすべてじゃないんだから。

自分に自信が持てるようになったら、自分の気持ちも正直に少しずつ出せるようになるかもしれないし、甘えたり頼ったりするかわいげも男性はキライじゃないもの。

あと**「重い」って言われた過去がトラウマになって、何も言えなくなってしまって良い人を演じてしまう女**もいるわね。

言ったら嫌われてしまうって思うのよね。彼氏に嫌われるのは誰だって怖いもの。今の関係がずっと続いてほしいって願ったら、ついつい嫌われないように自分の気持ちとは正反対な行動をして相手のご機嫌をとろうと思ったりして、我慢することも増えて、そのギャップに疲れてしまったりするわよね。

で、ここで考えてほしいのは**自分が思ういい人、いい女が果たして彼が思ういい人、いい女なのかってことよ?**

「カレー」でイメージして? カレーってさ? みんな大好きじゃない? 嫌いだって言う人、中にはいるだろうけどそんなにいないわよね?

でもさ? カレーを好きな理由って人それぞれよね。

辛くて刺激があるから。簡単に作れるから。日持ちするから。野菜もたくさん食べれるから。おかずを用意しなくてもいいから。食欲が出るから。いろんなバリエーションを作れるから。などなど。

好きになる理由って人それぞれなんだよね。きっとさ？　自分が思う「いい人像」を演じてしまうと疲れてしまうんだけど、カレーを好きな理由はみんな違うように、**自分のどこを好きになってくれたかって、きっと歴代の彼氏ってみんな違うと思うよ。**

明るいところが好きだった人。顔が好きだった人。気が利くところが好きだった人。見てるとこって人によって違うからさ。

あんまり考えすぎなくてもいいんじゃない？

別れる時は別れるし、嫌いになる時なんて理由はあってないようなもの。

「いい人すぎて自分には合わない」なんて言われてフラれる時もあるんだから。

ダメ恋愛脱出のヒント26

言わなくていいことを言わないという気遣いは素敵なこと。
だけどね、人によって「いい人」の定義は全然違うのよ！
あんまり考えすぎないで、貴女らしく楽しくいるほうが愛されるわよ。

自己中な女は結局自分がかわいいだけ。
本当に人を大事にできる女に
なる方法を教えるわ！

第4章 ワガママな女

怒る女

感謝と笑顔が愛の決め手！

恋愛するとさ？　自分がお姫様なような気がして、男は女の言うことを何でも聞くべき！めいた感覚になって、**彼が思い通りに行動しないと、とにかく怒りっぽくなる女**っているのよね？　何様？って感じなんだけど。

たとえば……彼にもっといい男になってもらいたいから怒ることも愛情だと思う。だって彼はエッチも下手で感じないし、プレゼントのセンスも悪いし！　先日いつものように怒ったら彼に「もうエッチもプレゼントもしない」と逆切れされた！

言いたいことがあるなら、私のようにはっきり言えばいいのに、もうエッチしないなんて、どうしてこんな意地悪なことするのか彼の気持ちがわかりません！とかさ。

意味がわからないのはあんたよ！

自分のイライラを正当化して、彼にぶつけ続けた結果でしょ？　ケンカをふっかけることで愛情を確認したいタイプもいるけど、何でも自分の思い通りにしたいタイプだと大変よね。

自分は吐き出してスッキリするけど、彼を自分好みの男に変えて、なかなか自分好みにならないからイライラ……って単なるワガママで、彼氏をアクセサリーか何かだと勘違いしてるのよね。

相手を変えることってなかなか難しいのよ。まずは自分が変わらないと相手を変えることなんてできないし、自分の気持ちをコントロールできない女は関係を悪くするだけよ。

こういう女は小さな怒りの粒を「いくら」みたいにプチプチッと潰すことでスッキリしてると思ってるの。でもね。いくらって箸で潰してしまうと中の汁が飛ぶのよね。洋服に汁がついてオレンジのような赤のようなシミができたりするのよね。そうやって自分の怒りの粒をプチプチ潰して、「スッキリした」と思い込むんだけど本当は違うのよ。

男のプライドをいくらみたいに潰してたの。だから男は嫌になっちゃうのよ。何をしてもダメ出しばかりされて怒られてばかり。だったらセックスもプレゼントも最初からしないほうがいい。どうせしてもしなくても怒られるならするもんか!!って思ってしまって一気にセックスレスになるのよ。

セックスレスになると、またセックスが復活するのって難しいのよね。

ガミガミ女は封印して、**ありがとう、嬉しい、楽しい、美味しい等、口から出てくる言葉はポジティブか、たとえ突っ込み要素があったとしてもそれをカバーする、フォローするプラスの言い方ができなきゃだめ。**とりあえず日々の突っ込みをなくして優しくする。

日々、笑顔を絶やさず、ありがとうなどの挨拶を増やす。そんなのをコツコツと期待しないで半年とか1年とか続けるしかないの。

外出先で「ねぇねぇ」って呼ぶ時に何気なく二の腕触ったりとか、そういう0・02

ポイントを貯めて100にならないと誘われない。

Tポイントより貯まらないし、ちょっとのダメ出しですぐにポイント減るけど地道に貯めるしかなくなるのよ。

彼がどんな性格なのかを知ろうともしないで、彼がどんなことを言われたら傷つくかもわからないで、彼を怒り続けるって「愛情」とは言わないわよね。

自分の不満をぶちまけて、相手の洋服だけじゃなく心まで汚してしまう前に、違う言い方ができなかったか。もっと優しく言えなかったか。言わなくても潰さなくても飲み込んでしまえるような些細なことじゃなかったのか、って考えるクセをつけないと、取り返しのつかない恋愛しかできなくなるわ?

ダメ恋愛脱出のヒント27

自分の気持ちをコントロールできない女は関係を悪くするだけ。ケンカの後で、彼の気持ちがわからないと嘆く前に、素直に謝る。そして感謝の気持ちを伝える、ということが大事なんじゃないかしら?

元カノを気にする女

今選ばれているのは貴女。自信を持ちなさい

女って本当に比較が好きな生き物よね。

彼氏と別れて、その彼氏が自分よりもブスと付き合って幸せそうにしてると「なんであんなブスと？　もっと美人と付き合って幸せになってほしいのに！」とか思うくせに、実際美人と付き合ったら「やっぱりああいう子が好きなのね！　悔しい！」って思ったり。

意味のない対抗心に意味を持たせることで必死なのが女子あるあるだと思うけど。

それは元カノという、さらにどうでもいい存在に対してもそう。

歴代の彼女全員に勝ちたい。私が1番の彼女だって思ってほしいって思い上がりを持ってしまったり、彼の元カノを検索してSNSを発見してしまったら、めちゃめちゃかわいい人で、もしもそんな子が彼に復縁を迫ったらどうしようとか、ありもしないことを妄想して不安になったり。

あとよくあるのが、彼には結婚まで約束し、何年も付き合っていた彼女がいて、きちんと関係は終わっているけど、長く付き合った彼女に嫉妬してしまって、私なんかがその彼女を超えられるのだろうかと不安になっちゃう、みたいなね。

だいたいこんなの考える女は付き合ってまだ1ヶ月とかなのよね。

それで何年も付き合った元カノよりも長く付き合いたい！　それ以上の記録を作りたい！　私も結婚の約束してほしい！とか前のめりな妄想にもほどがあるわ？

そんなの考えても意味ないよ？　だって付き合って1ヶ月とかなんて、まだまだお試し期間だもの!!

それなのに元カノ以上の女になりたい!!とか思う女は重いし、自分に自信のない女!!　人と比べて感情が浮き沈みする女なのよ。

そんなことにこだわってると、元カノ以上の女になるどころか、あっという間にフられるオチが待ってるの。

そういう人にはね？　この質問をするわ？　「たまご料理」って聞いたら何を思い出す？　普通はにわとりの卵で作る料理を思い出すわよね？

まぁうずらの卵、いくら、たらこにキャビア!!なんてのも思い出すかもしれないし、食べ物！って言ってるのにカエルの卵とか思い出す人もいるかもしれない。

長く付き合った女は彼にとってはポピュラー、生活の一部、にわとりの卵料理みたいな女だったのかもしれないわね。

結婚の話も出ていたなら、それなりに絆も深かったかもしれないし、お互い支え合っていたかもしれないし、お互いのことを本当にわかり合っていたかもしれない。

それは長い歳月なのか、それとも彼とその彼女という人間が惹かれ合ったからなのかはわからない。

でもさ？　二人は別れちゃったのよ。どんな事情があるかわからないけど、別れちゃったんだから気にしても仕方なくない？　**どんなに嫉妬しても不安になっても、その彼女にはなれないし、なる必要なんてないんだよ。**

別に、にわとりの卵が勝ってるとか、うずらの卵が負けてるとか、そういうことは思わないじゃない？

それぞれに良いところがあるんだから。あたしなんてうずらの卵が料理に出てきたらなんか嬉しくなるわよ。かわいいし美味しいし食べやすいし。

だからそれでいいんじゃない？　彼が付き合っていた元カノは、にわとりの卵だったかもしれないし、それになりたいって思ってるのかもしれない。

でも自分には自分の良さがあってお付き合いすることになったんだから、彼と元カノが温めた卵ではなく、彼と貴女が温める卵をきちんと孵化させて二人らしい関係を築いていくことが大事なんじゃないかしら？

ダメ恋愛脱出のヒント28

元カノ以上になりたいなんて、重くて自分に自信のない女の考えること。二人は別れてしまったのだから、気にしても仕方ないでしょ？貴女に魅力があるから選ばれた、という事実に自信を持って。

勝手に掃除する女

見返りを求めてるんでしょ？

彼がいない間に彼の部屋を掃除するかしないか、という選択がダメ恋愛への別れ道になることもしばしばあるのよね？　たとえば、こんな状況。

「付き合って1ヶ月。初めて彼の部屋に泊まりました。翌朝、彼は仕事だったのでポストに鍵を入れておいてと言われ、私は寝ていました。それで部屋が散らかっていたので彼のためにと思って掃除して家を出たのですが、夜になって『なんで勝手に掃除したの？　よけいなことしないで！』ってメールが……喜んでくれると思ったのに」

みたいなね。初めて彼の部屋に泊まって浮かれてたのはわかるし、良かれと思ってやった気持ちはわかるわよ？

散らかってるし、誰だって部屋が綺麗なほうが気持ちいいんだから片付けてあげよう！っていう親切心から片付けた。

そして彼のために～なんて思いつつも、いい彼女だって思われたい！　掃除してくれてありがとう！って感謝されたい！という見返りを求めた気持ちも少しは……いや、かなりあった。

家事が得意なところを見せたら、彼が結婚を考えてくれるかも！なんて期待もあったかもしれない。

さらに！　掃除しながら何か彼の過去のものが出てくるかも……いやいや現在進行形で浮気相手がいるんじゃないか……それとも彼の通帳なんて見つけちゃったりして？　どのくらい貯金があるのかな？って確認したい、借金がないかどうか調べたい……なんて気持ちもあったかもしれない。

っていうか、女が言う「掃除しておいたよ」なんて**「あなたの部屋、調べさせても**

らいました」って意味もあるでしょ？

だからさ？　いくら彼女でも、初めて入った彼の部屋を彼がいない時に勝手に掃除してはダメよ。彼も勝手にいろいろ見られたのかな？　やべっ！　あのエロＤＶＤ見つかったかも？とか気になってしまうかもしれないじゃない？

あと、散らかっているように見えても、どこに何があるのか把握してる男の場合もあるし、そんなに散らかってたかな？って恥ずかしくなってしまう男もいるかもしれない。

みんながみんな「掃除してくれてありがとう」と思うわけじゃないし、そういう言葉を期待してるのは他の誰でもない自分

だったりするのよね。

「大根おろし」ってさ？　すりおろすの大変よね？　腕は疲れるし最後まですりおろす時は指を傷つけないように気を使うし面倒臭い!!みたいな。

でもさ？　料理を美味しくするために頑張ってすりおろすわけじゃない？

でも、彼の部屋を勝手に掃除してしまう女って、何のために大根をすっていたのかきっとわかってないんだと思う。

彼に良く思われたいって思ってたとは思うけど、でも、それは彼の望んでいたことじゃないのよね。

大根おろしって独特の辛みが魚料理の時は魚の臭いを中和したり、てんぷらなんかの胃もたれしそうな料理の時は消化を助けたりする働きがあって、ちゃんと意味があるのよね。

勝手に掃除するという行為は「私、大根するわ？　だってきっと彼も大根おろしが好きなはずだから！」ってなだけで、彼が大根おろしを食べたいか食べたくないかは考えてないのよ。

彼が望んでもいないことを率先してやっても、感謝されるどころかそんなことしないでもいいのに……って思われてしまうのよ？

せっかく頑張ってすりおろすなら、必要な分だけ望まれた時にだけ、大根をすりおろしたほうが美味しく食べられるし、意味もあるんじゃないかしら？

ダメ恋愛脱出のヒント29

感謝されたいとか、家事ができる女に思われたいだけじゃない？
彼の望まないことはしないように。
どうしても掃除したいなら「手伝うよ♪」って一緒に片付けるのがいいかも。

ワガママな女

相手のキャパ、わかってる？

ワガママな女の子のほうがモテるし大切にしてもらえる。男は追いかけたい生き物だから適度に小悪魔になって振り回したほうがいい、という都市伝説が女子の中にはあると思うのよ。

でもワガママ言いたい放題していたら彼にフラれてしまった！

ワガママな女の子が愛されるなんて嘘なの？って経験をした女性も多いはず。

でもさ？　ワガママの許容範囲って人それぞれだったりしない？

子どもの頃を思い出してよ。

同じクラスの女の子や男の子でもさ？　親が子どものためにいろんな玩具を買い与えて、「あれほしい、これほしい」って言う子どものワガママを全部聞いてあげる親もいれば、「テストで100点とったら買ってあげます」なんていう条件出す親もいたり、「そんなもん必要ない！」って怒って買ってくれない親もいたじゃない？

もちろん収入も関係してくるだろうけど、性格もあると思うのよね。

だからワガママ言ってもいい相手っていうのもいれば、顔がかわいいとかでワガママが許される女の子もいるし、男ってたしかに女の子のワガママを聞いてあげたいな……って思う男もいる。

「ワガママ＝俺に頼ってくれてる！」って変換してくれる男もいるし、女の子に貢いだりするのが大好きなM男もいるけど、**ワガママっていうのは人にもよりけりの割と「高度」なテクニックなのよ。**

「うなぎ」みたいにさ？　普段から高価でなかなか頻繁には食べに行けないようなもの。しかもここ数年価格が高騰してるじゃない？

値段が上がっても食べたい!!って思う人はワガママがすぎても聞いてあげたい！っ

て思う人と同じよ。でも値上げはできないから……うなぎの量を減らして同じ値段で出す！ってお店があったとしたら、それなら食べるって人もいれば、そんなケチくさい店では食べたくないって思う人もいるかもしれない。

たくさんのワガママはNGだけど、少しのかわいいワガママや俺を頼ってくれる、俺のプライドを保たせてくれるお願いごとならOKって人もいるってことよ。

そして国産うなぎなんて高いよね。海外の安いうなぎや味が似ている代用品でいいや！みたいな人はワガママ自体NG！　ワガママな女なんてムリ！　おまえみたいな女がワガママ言うな！っていう男なのよ。

でもね？　みんなから愛されるお店だったら、きっとお客さんが今は大変な時期だろうから助けるよ！って通ってくれると思うんだよね。

彼から本当に愛されている女なら、少しのワガママだってOKだと思う。

でもそういう女性って小悪魔どころか悪魔になってる女ではないの。

意味不明なワガママは言わないし、ワガママを言ったらその分御礼を言ったり、料理を作ったり、お返ししたりのフォローもできてるから愛されてるんだと思うよ？

小悪魔よりも悪魔になってる女はダメなの。自分の価値を高めないと、本来は

300円くらいの値段なのに私は5000円!!なんて言っても誰も買わないわ。

相手がワガママうなぎを高くても食べたい人なのか。値段が同じでもワガママの度合いを少し下げれば満足してくれる人なのか。それともワガママ自体NGな人なのか。その見極めと、自分という店が彼から愛されているのかがワガママの鍵になってくると思うわ?

あ、それとね。どんなに好きでも「うなぎの骨」が喉に刺さると気分悪いわよね?

ワガママも同じで、相手のプライドをズタズタにするような地雷を踏むワガママは、相手を怒らせてしまうだけだから気をつけて?

ダメ恋愛脱出のヒント30

ワガママをどれだけ受け入れられるかは人それぞれ。

まずは相手を見極めること。

そして自分のワガママの内容をもう一度、振り返るのよ!

自分に合わせてほしい女

彼の気持ちも考えなよ

我慢してます、とか努力してます、って言いながら努力の仕方を間違えてる女性って多いのよね。

たとえば、脈のない男性にやんわり断られてるとか、彼からは連絡が一切ないのに自分が好きだから、自分が会いたいから、「お土産」を買って「渡したい」って連絡してお土産渡せて満足するのって、ＡＫＢの握手会でスタッフの目を盗んでプレゼント渡せて満足です！ってレベル。

本人は「私、気の利く女って思われるかも！　好きになってもらう努力、がんばれてるかも！」とか思ってるんだけど、それは努力でもなんでもない。

ＡＫＢのＣＤだって、握手券欲しさに買うだけで、それは努力じゃないのと一緒。

お土産渡す口実で会いたいから、お土産を買うわけでしょ？

自分がしたいから勝手にしてることで彼が望んだことではないのよね。

それなのに「こういうことを続けていればいつか付き合える！　だって会ってくれるってことは彼もその気があるってことでしょ？」って、お土産口実に呼び出しておいてポジティブに考えたりしてね。


あと、優しい彼に甘えすぎて、ワガママ言いたい放題していたら、クリスマスに会ってくれなかったし、プレゼントもなかった！　怒鳴り散らしてやろうと思ったけど、私は我慢できる女になろうと努力しました！　それなのにその努力が彼には届かず私のワガママをまだ聞いてくれない！めいた女とかもよくいる。

でも、その努力って自分のためでしょ？

自分が愛されたくて、自分がワガママ言いたくて、別れたくないから努力しただけで彼には何の関係もない話なのよね。その努力、間違ってるよ。

どうしてこういうことが起こるんだろうって思うと、結局のところ**「自分に合わせてほしい」って思ってるから、相手が自分の思い通りにならないとパニックになったり自分都合の「努力」しかできないのよ。**

男のくせに何もしてくれない！　気が利かない！　役立たず‼とか、男に対して期待大な女とかもそうよね。

そういう女って、お姫様のように扱ってくれない男のことは「ウドの大木」か何かだと思って役立たず！って感じるのよね。

あたしはむしろ男って気が利かない生き物だと思うけどね。もちろん習慣として女性を大切に……って思って自然とできる人や、モテようと思ってやってる人もいるけど、なかなか**「女が思ういい男」の行動をとれる男っていない**と思うけどね？

逆を言えば「男が思ういい女」の行動を自分が取ってるかしら？って話よ。

育ちすぎたウドは食べられないけど、食べ頃のウドって美味しいわよね。ちょっと苦味もあるけど、キンピラにしても天ぷらにしても季節を感じられるわよ。

でも彼に対して「思い込みの大木」を育てすぎてしまっているとうまくいかない。

だってさ？　**人間はエスパーじゃないんだから、思ってることはきちんと伝えないと相手だってわからない。**


自分が思ってることを自然とできる男ってのはさ？　やっぱり何年も付き合って相手のことがわからないとそういう関係にはならないんじゃない？


お互いストレスを感じるなら、彼が可哀想だから別れてあげたほうがいいのよ。

だってこういう女って、最終的には文句ばかりで何もできない「ウドの大木女」って思われてフラれるんだから。

ダメ恋愛脱出のヒント 31

男って気が利かない生き物なのよ。

でも彼を見下したり、自分都合の価値観を押しつけすぎるのはタブー。

二人でいるといつもストレスがたまるようなら、別れも選択肢に入れて。

サバサバしてる女

意地っ張りは嫌われるわ？

自称サバサバしている女。だけど実際は、中身がかわいくて女の子らしくて男にモテる女に嫉妬して自分は媚びたりなんかしない！って意地張ってるドロドロ女だったりするのよね。

やっぱりさ？ **男はよく笑う、いつもニコニコ、気配りができる、みんなに優しい、癒し系、ゆっくり喋る、甘え上手、みたいな子が好き**なのよ。

なんだよ、そんな女のどこがいいんだよ！って思うかもしれないけど、男のニーズに合ったサービスを提供しない限り売れないんです。

だってさ？　女性だって高身長、オシャレ、イケメンとかが好きでしょ？

僕なんて仕事もできないしセックスも下手だし、自信もないし、お金もないし、女の子の扱い方とかわからないし、ご飯は絶対割り勘がいいし、そんな僕を守ってくれる北川景子ちゃんみたいな女の子、いないかな？

とか言ってるブ男よりも、女の扱いを知ってて、奢ってくれて、優しくて、男らしくて、料理なんかも作れちゃうような男のほうが女ウケするってのと同じでしょ？

「女らしい女」を求める男が圧倒的に多いわけで、せめて男ウケする服装、髪型、メイクに変えて、かわいげくらい出せってそういうことなんです。

でもそれはあくまでもスタート地点に立てたというだけで、自分が狙うターゲットに売れるための努力は絶対に必要で、「私はサバサバ系だから媚びない」なんて言ってる場合じゃないのよね。


あと、彼氏ができても、優柔不断で都合が悪くなると逃げる男を見ると、男らしくしろよって思ってしまい、イライラして自分からフってしまう。頼りない男性が多すぎる！って嘆いてる女も多いのよね。

こういう女性はサバサバしているというよりも、もしかしたら男性に勝ちたいって思ってしまうタイプかもしれないわね。

しかも自分が負けず嫌いだったりするから、こんな自分を倒してくれる強い男！みたいなのを実は望んでいるのかも。

だから付き合ってはみるけど、すぐに男性の「弱い部分」を見ては幻滅してムリ！付き合えない！って別れを切り出してしまうのかもしれないわね。

でもね？　頼れる男なんて女の幻想で、甘えん坊みたいな男って多いし、だからってナヨナヨしてるかっていうと、実はそうじゃなくて守ってくれる優しい男だったり、またそういうふうに男を育てていくこともできる。

そういうのってやっぱりすぐにはわからないから、相手をよく知ったり、二人で関係を築いていかないと見えてこないこともある。

「アメ」ってさ？　口の中に入れても、すぐに噛み砕いてしまいたいタイプの人には最後まで舐めるのって苦痛かもしれないけど、噛み砕いたらなくなっちゃうからさ。それで終わってしまうのよ。

でもアメってゆっくり舐めたら少しずつ少しずつ溶けていくよ。大事に大事に舐めたら口の中ですぐにはなくならない。その時間もアメを舐める楽しみでもあるわけじゃない？

優柔不断だから頼りない。だからこの男性とは付き合えない、と決めつけてしまうにはもしかしたら早すぎるのかもしれないわ？

理想通りの男性は実はいなくて、よくよく考えたらみんなこんなもんだった！みたいなことになるかもしれないし。

口の中に入れたアメをすぐに噛み砕かずに、ちょっとゆっくり舐めてみるみたいに、すぐに見切りをつけずに相手を加点方式で見てみなさい！

ダメ恋愛脱出のヒント 32

もしかしたら男性に勝ちたいって思ってしまうタイプじゃない？いつもそれで恋がうまくいかないと感じているなら再検討が必要。相手にすぐ見切りをつけるんじゃなく、ゆっくり加点方式で見てあげて。

期待してる言葉が聞けないと逆ギレする女

「言って！」という気持ちが重いの

付き合って2〜3ヶ月ってお試し期間だと思うのよね。もちろんラブラブ期間でもあるけど、お互いを知る期間なのよ。

それなのに、そのお試し期間中に「友だちがプロポーズされたんだって！ 私も早く結婚したい！」みたいなことを言ってしまい、もちろん彼も同意してくれると思ったのに、「え？ まだ結婚は考えてない」めいた反応。

「私のこと、愛してないの？ どうして？」と責め立てて、「距離を置こう」って言われて恋が終わる、なんて経験をしたことがある人も多いと思う。

お試し期間はリサーチ期間でもあるんだから、言ってしまえばバイトの研修期間と同じ。

「付き合う＝とりあえず採用」なだけで、「社員＝結婚」ではなく、「重役ポスト＝結婚」なんだから、付き合ってる期間に自分の地位をあげるように努力しなきゃいけないの。

それなのに研修期間の身分で、休憩を多く取ったり遅刻をしたりみたいな行動をしてるわけよ。「責め立てる」という行為は「研修期間中の無断欠勤」くらいのしくじりなんだからクビになるのは仕方がないの。

あと恋愛初心者とかにありがちな失敗って、私のことをどのくらい好きか？って聞いて、当然「１００％」と答えが返ってくると思っていたら「50％」って言われて、私は彼のことが「１００％」好きで付き合ってるのに「50％」だなんて‼って怒り出す女とかね。

「私のこと、好き？」なんて聞くってこと自体、１００％自分のほうが好きなんだから、聞いてはいけないＮＧワードなわけ。

そういう人は「りんごジュース」を思い出してください。

果汁○○%って書いててさ？　あれ、気にする人は気にするよね？

「え？　果汁30%？　私は100%の果汁のジュースしか飲まないもん！」

みたいな人、あたし、今まで生きてきた中で何人かと出会ったことあるけど。そういう人は100%がイイコトだ！って思ってるのよね？　まぁ、コンビニとかで売ってるジュースの場合、100%果汁って書いてあっても、濃縮還元で水で薄めてたりするけどね……。

でもさ？　好きって人によって感じ方も

違うし、濃さだって深さだって違うわけじゃない？　軽いルンルン気分なのか、一生愛したいめいた重い気持ちなのか、全然違うじゃない？

それに人の気持ちって変わるから。

１００％好きで付き合っても、付き合っていく中で相手の嫌なところが見えて、80％、60％、30％って段々と好きが減って別れる場合だってあるし、最初は好きじゃなかったけど「スキスキ」言われて付き合ったら凄く好きになっちゃって、今は彼より私の気持ちのほうが強い！みたいなことだってあるわけじゃない？

気持ちってその時々で変化するものなの。「１００％だよ」って言ってほしい乙女心もわかるけど、50％って言われたからって残りの50％が「嫌い」とは限らないじゃない？

冗談で言ったのかもしれないし、まだそこまでテンション盛り上がってないけど、今後増えるかもしれない、未知数ってこともあるし、果汁50％のジュースの残りは水分や砂糖が入っているように、砂糖のような甘い気持ちが実はあるかもしれないじゃない？

自分と相手の気持ちが同じくらい均等に好きになることって、実はなかなかないのよ。気持ちのバランスが違うからケンカになったりもするんだけどね。

もちろん、彼の気持ちが離れかけていての50％という答えなら、ショックを受ける前に彼がどんなことを望んでいて、どんなことを望んでいないのか、ちゃんと判断するべきだと思うけど。

ダメ恋愛脱出のヒント33

責め立てる行為は研修期間中の無断欠勤ぐらいのしくじりよ！「私のこと、好き？」なんて確認もＮＧワード。彼の発言より、選んでくれたことに感謝して楽しい関係を築きましょう。

同棲すれば彼を独占できると思う女

いつも一緒にいられるわけじゃないわ

自分が思い描いていた状況と違う事態が起こると、パニックになる人っているのよね。あくまでも自分の妄想なんだから現実にそうなるとは限らないのに。

たとえば、同棲すれば彼とずっと一緒で楽しいことばかりだと思っていたら、彼が友だちと遊びに行っている間、私はご飯も食べずに待っているのに、帰ってくるのは遅いし、ご飯は食べてきたって言うし。

だったら連絡くらいしろって思うし、掃除も洗濯も私ばっかりで注意すると頼んでないんだからやらなくていいって言われるしケンカになってばかり……同棲すればいつも一緒にいれて楽しいと思ったのに！みたいな女とかね。

女は同棲すると、彼とずっと一緒♪　ご飯も一緒♪　テレビも一緒に見てお風呂も一緒に入って寝るのも一緒♪　起きるのも一緒♪みたいに想像するし、同棲すれば彼を独占できると考えてたりする。

「漬物」みたいに私と彼という材料を漬け込んで同棲という重石を乗せて、空気に触れないように、他の誰にも邪魔されないように、二人という名の毎日を発酵させよう！　保存性を高めてゆくゆくは結婚を！と考えたりするんだけど、女は男にとって同棲ってどんな意味合いなのか知る必要がある。

男の人って、同棲は彼女がご飯を作ってくれて、掃除も洗濯もしてくれて、エッチもできて家賃も光熱費も半分で職場に近いところに住めて便利！くらいの感覚でしか思っていないもの。**ずっと二人でいようね！って意味はないことの方が多い**わよ。

彼には彼の時間があって、同棲してるからと言って、独占することも束縛することもできないわ？

　ご飯の準備だって、自分が勝手にして勝手に待っていて勝手に怒ってる。

　今日、ご飯どうする？とか遊びに行くなら食べてきて！とか言って送り出せばいいのよ。

　同棲すればすべてがうまくいくとは限らない。「糠床」の管理が悪かったり、塩とか酢の分量を間違えたりすると上手に漬からない、上手に発酵しないってこともあるわよ！

　求めるのをやめて彼を自由にして、同棲してるからこうじゃなきゃいけない、というルールに縛られるのをやめてみるのがいいと思う。

そして家事の分担や遅くなる時の連絡方法などを彼と話し合うことが大事ね。それができないなら浅漬けみたいに短時間で引き上げる。

同棲は解消したほうが二人が上手に付き合うにはいいんじゃないかしら？

だって同棲したらわざわざ結婚する意味がなくなるもの！

ダメ恋愛脱出のヒント34

彼には彼の時間があるんだから、独占も束縛もできないわ？こうじゃなきゃいけない、というルールに縛られるのはやめましょう。一人で悩みを抱え込まず、彼と話し合うことも大切よ。

トキメキを追いかける女

今の彼と向き合って

彼氏と数年付き合っていて、いい人だし結婚するならこういう人だって思うから、このまま結婚するんだろうな～って思ってるけど、なんか退屈で、関係もマンネリ。セックスしたいとも思えないし、このまま女じゃなくなってしまうのが怖いし、刺激がないから別れたほうがいいのかと思う。

そんな時に同窓会で当時好きだった人と再会してしまって……つい浮気を！　でもその人は既婚でどうすればいいの！めいたお安い昼ドラみたいな話ってよくあるけど、こういう人って結局のところ**安定の彼氏とは別れずにこっそり浮気を続けて「女**

を満たす」みたいなことが多いのよね。

あたし思うんだけど、こういう女性って「デザート」と同じなの。

「デザートは別腹♪」と同じで、女にとってセックスも実は別腹なんだと思う。

だから付き合いたい相手と結婚したい相手が違う、ってよく言うのよ。

ブサイクの金持ちと結婚してホスト三昧とか、公務員と結婚してフェイスブックで連絡を取って、同級生とセックスなんてよくある話じゃない。

女は彼氏とか旦那がいる方が心の安定があるのよ。一人だと不安！　だから彼氏がほしい！　だから結婚!!　とにかく結婚！　何でもいいから結婚すれば幸せ！　私は幸せ結婚生活してます！みたいな表向きの自分がいるの。

でも、そういう「安定の男」を求める一方で、安定しないセックス、燃えるような大恋愛!!も求めるのが女。

男はどうして浮気するの？　信じられない！　裏切り行為！とか言う一方で、一部の女は自分が浮気しても「人を愛することは仕方がない！　だって好きになっちゃったんだもん！」とか開き直ったり、「彼を愛しているからこそ、その愛が本物か他の男性で試してみたの！」とか意味不明なことを言い出したり。

彼氏が悪い、旦那が悪いとか、女に見られなくなるのが悲しい、友だちとして仲良くしたかっただけなの、とか言いわけしたりするじゃない？

それは「トキメキは別腹」って思ってるからなんじゃないかしら。

本当は一人の男で全部満たしたいんだけど、世の中そううまくできていないから、「求められる＝必要とされている」と感じられるセックスにものすごく意味を求めようとするし「愛」だから許されるみたいに肯定しようとする。

だから「セックス＝大恋愛」になるとよくある、割り切ってたつもりがセックスしたら好きになったとか、体を提供していればいつか好きになってもらえるとか思い込むのよね。ま、男はそこまでセックスに意味なんて持ってないけど。

トキメキがほしいのもわかるし、女でいたい気持ちもわかるけど、それは**今、付き合ってる彼と向き合わないと。**

彼と同時進行で他の人にトキメキを求めたところで、根本的なことは何も解決しない。自分を騙し騙し生きるだけ。

トキメキはなくなっても、ドキドキはしなくなっても、それ以上に積み重ねてきた思い出や二人にしかわからない特別な関係ができているんだから、そこに居心地の良さを感じたり、**当たり前に感謝できないと、これ以上付き合う意味はない。**

恋愛なんてドキドキがすべてではなく、穏やかで優しい時間のすごし方が大事な時もあるんだから、今の自分は安定にあぐらをかいているだけなのか、それとも好きという気持ちがもうなくなってしまったのか、冷静に分析するべきよ。

それでもう好きじゃない。情だけで付き合っていて、結婚するのはこの人じゃない、ってはっきりわかったら別れるべきなんじゃないかしら?

ダメ恋愛脱出のヒント35

付き合いたい相手と結婚したい相手が違うってよくある話。同時進行で他の人にトキメキを求めても、根本的なことは解決しないわ。彼への気持ちを冷静に分析してみて。

結婚は大変そうとか言う女

結婚してから考えたら？

ブログで恋愛相談してるとね？

「30代です。彼氏はいません。私は結婚願望がないので一人で贅沢しながら幸せにすごしています。でも30代で独身っていうと負け犬って言われたり何か問題があるって思われたり。結婚だけが人生のすべてじゃないのに。今までだって普通に恋愛してきたし、友だちだって多いし、仕事もちゃんとしてるし、犯罪になるようなこともしたことないし、浮気も不倫もしたことないのに。ただ結婚に興味がないだけなのに、なんで人間として劣ってるみたいな扱いを受けなきゃいけないいんですか！」

めいたメールとかもらうんだけど、それって**他の誰よりも自分が自分のことを負け犬だって思っていたり、何か問題があるって思ってるんじゃない？**って思うのよね。

結婚願望がない、それでも幸せだって思ってるなら何も気にすることないのよ。誰かと比較して勝つことや負けることが幸せの定義じゃないんだから。でも気にするってことは本当は結婚願望があるのよ。あるからムキになるし意地になるのよね。

他にもさ？　30代で彼氏いない歴も長いから、そろそろ彼氏がほしいし、年齢的には結婚も考えてしまうし憧れるけど、結婚しても仕事は続けたいし、でもそうなると共働きで、家事や育児に追われる日々になったりすると大変そうだなって思ってしまって、結婚しないほうが気楽なのかも……って悩んだりする女もいるのよね。

いやいや。彼氏もいないのに自分が結婚した時のことを妄想して、マリッジブルーのごとく不安になるなんてナンセンス！って話よね。

そりゃ、結婚したら女は仕事が増えるの当然よ。仕事を続けるなら仕事の顔。旦那の前では妻の顔。子どもの前では母の顔で、旦那の両親の前では嫁の顔。いろんな顔を使い分けて、時には自分を押し殺してでも優先しなきゃいけないことなんて、たくさん出てくるわ？

しかも、何もしない男や口やかましい旦那の両親がいる家なんかに嫁いだら大変よ。それが苦労だと思うなら、そういう人は結婚は向かないのかもしれない。

でもさ？　そんなの結婚しなきゃわからないし、**そもそも彼氏もいないのにグダグダ言ってるのって変**よね。彼氏ができないから言いわけしてるだけなんじゃない？

「パンケーキ」を思い浮かべてみて？　パンケーキって粉と水を混ぜてフライパンで簡単に焼けるけど、貴女は焼く以前に粉と水混ぜて焼くことを面倒がってるようなもんなのよ。

パンケーキって朝食で食べる主食にもなるし、ちょっとクリームやフルーツを乗せておやつでも食べられるじゃない？　それってとっても楽しいわ？

結婚もパンケーキと同じ。妻にも嫁にも母にもなれるのは女の特権じゃない？　それを楽しまなきゃ。

結婚を面倒に億劫に感じている人や、人一倍結婚願望があるくせにそれを隠してクールぶってる女なんて、「パンケーキって意味わかんない。主食なのかおやつなのか中途半端！　だからイラナイ！」って言ってるようなものよ。

何を幸せと思うか、そして、考え方次第だと思うけど、勝手に先のことを考えて不安になってると焦げて真っ黒な気持ちになるわよ？

彼氏ができない言いわけに「結婚なんて」って言ってると、冷めて美味しくない人生が待ってるわ？

結婚はしない、結婚には興味がない、と決めつけるんじゃなくて、もっと柔軟に考えてみたらいいんじゃないかしら？

★ダメ恋愛脱出のヒント36

気にするってことは、本当は結婚願望があるのよ。

彼氏ができない言いわけをせず、まず恋愛する決意をしなさい。

結婚に興味あるならちゃんと相手を探したほうがいいわよ！

「美人」なのにモテない女

自分から動きなさい！

ブログに届く相談でね？

「自慢に思われるかもしれませんが、私は周りから美人と言われます。家も裕福ですし有名な大学も出て、それなりな会社に勤めています。『モテそうですね』とも言われます。でも出会いがないんです。誰も声をかけてくれません。理想だって高くないのに芸人さんみたいな人でもいいんです。どうしたらいいでしょうか」

みたいなメールが届くんだけど、これが20代ならいいのよ。

本当にかわいいんだろうし、本当に美人なんだろうし、そのうち彼氏できるんじゃない？って思うんだけど**30代からのメールになると話が変わってくるわけ。**

だって30歳すぎてからの「美人ですね」とか「モテそうですね」なんて社交辞令だもん。真に受けるだけアウト。誘われなきゃ意味ないよ！って話。

まぁ、こういう人って自称美人や自称「私はモデルでした」ではなく、本当に育ちも良くて仕事もできて美人さんなんでしょう。だからと言って、男なんかに負けるか!! ダラシナイ男ばかりでうんざり！って感じでもなさそう。

ただ、**隙がなさそう**なのよね。

つまりよ。理想が高いわけではないんだけど、男からしてみたら存在自体のハードルが高いのよ。言ってみたら「メロン」みたいな存在よ。

メロンなんてさ。贈答用で買ったりいただいたりすることはあっても、「うわ〜メロンまるごと食べたい〜」って言って、3千円とか5千円とかするようなメロンをまるごと買ったりしないわよね？

せめてカットされてパックに入って売ってるようなメロンを買うくらいじゃない？

美人を落としたいって思う男って、きっと仕事もデキル男とか自分に自信のある男だと思う。または**身の程を知らない単なるスケベオヤジ**とかね。

だから自分は変わらず、現状のまま出会いがほしいなら、人脈を広げて「メロンは普通に1個買いますよ、自宅用に」っていう男を見つけたらいいのよ。

そういう男こそ、美人で家柄もよくてガツガツしてないけど、仕事もある程度できるから話も弾む……みたいな女性を探してるかもしれない。

そういう出会いの場所に自分が出向いてないだけなんじゃないかな？

もしもそういう男じゃなく、もっと普通でいい！とか思うなら、メロンには手を出せない……って思ってる男性でも、手を出しやすい親しみやすさとか、ギャップとか思い切ってメロンジュース!!みたいな。

メロンジュース？　メロンソーダならわかるけどメロンジュース？　普通売ってないよね？　どこで飲むの？　美味しいの？くらいの意外性を出して自分からアプローチしてみたらいいと思う。

自分なんか相手にされないんだろうな……って男は思ってしまうから、大丈夫だよってきっかけを与えてみるとか、何かしら貴女も行動してみないとダメじゃない？

黙ってるだけだったら、運命の人なんて美人だろうと普通の顔だろうと誰にも現れないわ？

モテそうって言われるけど実際はモテていない、社交辞令丸ごと鵜呑み女に必要なのは、魅力がある人間だからこそ、もう少しの行動力とか謙虚さとか周りへの気配り、素直さ、かわいげとかなんじゃないかしら？


30すぎての美人と言われますなんて、女優レベルの顔じゃなきゃ結婚への決め手にはならないわよ？

ダメ恋愛脱出のヒント37

「美人ですね」は社交辞令、誘われなければ意味はない。

もしメロンのように手の届かない存在に思われているとしたら。

手の届く人に選んでもらうか、売り方を変えてみることが大事よ！

気があると勘違いする女

貴女、前のめってない？

自分に気があると勘違いする女って、どこから湧いてくるんだろうね、その根拠のない自信。冷静に考えると脈がないのに、返事があるってことは脈があるってこと？今は彼女いないってことは私にもチャンスがあるってこと？とか勝手に勘違い。

たとえば……**「俺、お金ないんだよね」は俺から出すことはないという意味だし、「土日は忙しいんだよね」なら休日にオマエと会う気はないという意味。**

そして、「付き合うとかわかんないんだよね。今がよければよくね？」なんてオマエと付き合う気はないって意味だよね？みたいな。

こういう男の気持ちを翻訳できずにすごしていると、「彼は私に気があるはずなのにどうして誘ってこないんだろう？　彼の気持ちがわからない！」って言い出したり、都合のいい関係にズルズルはまってしまったりするのよね。

いつか告白してもらえるんだという夢物語を見ながら。

あと多いのは、いつも突然誘いのメールを送ってくる男性がいて「彼、私に気があるに違いないわ！」って思ってるうちに好きになってしまって、自分から告白したら断られた。「彼から誘ってきたくせに何なの？」みたいに逆切れする女とかもさ。

たしかに「突然のメール」って、相手のことが気になって気になって仕方がなくて、前のめりになって、好きだからメールして誘ってしまえ！　えいや！って場合もある。

でも、**暇だったから……とか、別な人を誘っていたけどドタキャンされたから「急遽」＝「突然」誘ったとか、しっかり予定を立ててまでは会いたいとは思わない、ノリで誘ったり、あわよくばを期待してのメールの場合もあるわけで……。**

脈ありだと思ったポイントは「突然誘ってくる」ってことだけだったのよね？

それが勘違いのはじまりなのよ。

「おかゆ」をイメージしてみるといいわ？

たとえばおかゆとか雑炊って風邪ひいたり食欲がない時に「消化にいいから」って食べたりするじゃない？

たしかに雑炊なんて、鍋をしてもう食べられない！って思っても雑炊にすると不思議と食べられる!!なんてこともあって「消化を助けてくれるんだ」と思ってるところもあるけど、おかゆも雑炊も、噛まずに飲みこめるから食べやすい、ってだけで別に消化にいいわけじゃないいみたい。

よく噛んで唾液を分泌させてはじめて消化が良くなるようなので、勘違いしてることってあるのよ。

恋の勘違いも同じ。**彼のことを好きになってしまったんだけど、よくよく考えてみたら突然にしか誘われないなんて、目を見て話してくれてるかな？とか脈ありな言動があったかな？とか考えてみると、あれ……ないな……って思ったりすると思う。**

一つだけのことで前のめりになってしまうのも恋愛ではありがちだけど、勘違いしやすい女は、おかゆは消化に良いと勘違いしていたように気持ちの勘違いを引き起こしてしまうこともあるわ？

ちなみにおかゆとセットで梅干しを食べるじゃない？　梅干しは唾液が自然と出てくるから消化を助けるのよね。おかゆと梅干のセットが、実は消化吸収にいい組み合わせだったみたい。

おかゆと梅干の組み合わせのように、他にも脈あり、脈なしの組み合わせを自分なりに考えてみると勘違いが少なくなるわ。

そこからヒントを得て行動することで、相手にドン引きされるような前のめり行動を抑えられるし、恋愛成就の助けになったりするかもしれないわよ？

ダメ恋愛脱出のヒント38

どこから沸いてくるの、その根拠のない自信！

男の気持ちを翻訳できないと、都合のいい関係にズルズルはまるわ。

信じられるのは言葉ではなく行動よ！

過去に生きていても、
何にもプラスにならないわ。
貴女の目の前には新しい世界が広がっているのよ

うぅ…

第5章

過去を引きずる女

失恋を引きずる女

心に穴が開いたままでも前に進めるわ？

失恋にもいろいろあるわよね。

彼に彼女ができたとか、彼が結婚してしまったという片想いの失恋。初めての彼氏と別れて、初めて経験する失恋。何人かと付き合ったことはあるけど、こんなにも好きだと初めて思えた人との失恋。

コテンパンにフラれた失恋や、自分からフッたくせに後から未練タラタラで復縁したいとか言い出す失恋。それに自分から別れを切り出して、彼にはもう気持ちなんてないのに「私がいないと彼が生きていけるか心配～」みたいな、彼はいつまでも私に夢中なはずというエゴの失恋。1晩寝れば回復するものから、何年経っても忘れられないものまで人それぞれにいろいろあると思う。

大好きな人だったから。初めて結婚したいと思った人だったから。よけいに気持ちが入ったり、依存してしまったりして、フラれた後も彼がいないと心に穴が開いてしまったみたいで、毎日苦しくて泣いてばかり。

食事ものどを通らず周りに心配されてしまう……それでも忘れられない。**心の隙間を埋めるには彼と復縁するしかないと考えてしまい、なかなか忘れられなくなる。**

失恋に苦しんでいる人は「バームクーヘン」を思い出してください。

バームクーヘンって真ん中に穴が開いてるわよね？

別に誰かが食べちゃったとか失敗しちゃったんじゃなくて、そういう形なのよね。

自分の心も、失恋後ということもあってぽっかり穴が開いてしまった。今までは彼で埋まっていたのに、彼がいないから自分の心に穴があってそんなのは自分じゃない。

彼しか自分を埋めてくれる人はいない、って思いがちだけど、最初からそういうもんだったと思ってみたらどうかしら？

人は自分の心のスペースにいろんなものを入れたり出したりしているのよ。

プラスにもマイナスにもできるし、少しずつ積み重ねながら広げていくこともできれば、無理にギュウギュウといろんなものをつめ込んでしまうこともできるし、なーんにも入れずに余裕を作ったりもできる。

だけどそれを「穴」だ、欠陥だ、埋めたい、悲しい、苦しい、彼しかいないと思ってしまったら、何が何でも彼で埋めようとしてしまう。**本当は彼じゃなくてもいいし、無理に埋める必要もない。**

バームクーヘンがねんりんに見えるように、自分の心にも一つひとつのできごとが思い出を刻み、いろんな感情を知ることを

刻み、優しくなったり強くなったり、勇気を持つことを刻んだりしていくの。

でも、別れを受け入れず、いつまでも彼で心を埋めることばかり考えていたら、悲しみしか刻めなくなる。

少しずつでもいい。失恋という経験を刻んだなら、無理に埋めようとしないでいいから受け入れましょう。**彼と知り合う前の自分に戻っただけよ。**

穴が開いたんじゃない。最初から開いてるのよ。これからもっと素敵な恋も人生もその穴に入れて自分の生き方を刻んでいくの。そんな風に考えてみない？

きっと時間が解決してくれるとは思うけど、彼しかいないと考えてしまうとなかなか元カレの呪縛からは逃れられないから。

ダメ恋愛脱出のヒント39

バームクーヘンのように、穴を穴だと思わなくていい。

無理に何かでふさがなくてもいい。

大丈夫。いつかこの別れにも意味があったと思える日が来るから。

トラウマな女

恋をしたい気持ちを大事にして

トラウマっていろいろあるわよね。両親から言われた言葉に傷ついてしまったり、子どもの頃にいじめられて人間不信になってしまったり。

大人になってからもブスとか心無い言葉をかけられて自信をなくしてしまったり。言ったほうなんて無責任だから忘れてるし、まさか傷ついてるなんて思ってなかったりするんだよね。

でも言われたほうは、いじめられたほうはいつまでも覚えている。強くなれない、自分を変えられない人は、そのことをいつまでも根に持ってたり、何かあるとすべてを過去のトラウマのせいにして逃げてしまったり。もはや**トラウマという名のコンプレックス**だよね。

ずっと女子高だったから、男性と知り合う機会がなくて男性と話せない、出会いがない、付き合えない！　全部女子高だったせい！みたいなのも、だったら女子高出身の人はみんな恋人ができないのか？って話じゃない？

あとは人に裏切られたショックからいつまでも立ち直れないとか、フラれたショックや体の関係だけ求められて付き合えない過去があるとか、別れ間際に言われたセリフに傷つけられて、もう人を好きになるのが怖いとかさ。

これは自分が乗り越えるしかないんだけど、**なぜかトラウマを持つ女性って、そのトラウマ克服を彼氏に手伝わせようとしたり、トラウマを克服させるくらい愛してくれることを望んだりして、思い通りにならないと「私のことを愛してないの？」ってヒステリックになったり、ちょっとワガママになりがち**なのよね。

女性は同調されるのもするのも好きだけど、自分で乗り越える努力をしないと。

相手だって理解はしてくれても支えてくれることはできても、なんでも言うことを聞いてくれるわけではないわ?

だから、「恋をするのが怖いです。恋をしたい気持ちはありますが、元カレにひどいフラれ方をしたせいか軽い男性不信なんです。またフラれたらどうしようとか傷つくのが怖いのかもしれません。私はもう一生恋ができないのでしょうか」みたいなことを思う女性とかもさ?

失恋って辛い。こっぴどくふられたりすると立ち直れないんじゃないかなんて思うほど落ちこんだりする。谷底に突き落とされた気分になる。

でも、**だからって男性不信になるなんてナンセンス。**

悪いのはその男で(もちろん女性にも原因があるかもしれないけど)男がみんなそうとは限らないのよ。

恋愛なんて傷つくことの一つや二つや三つや四つもあるわよ。

トラウマがある女性って「モンブラン」を下から眺めてるのね。

モンブランってさ? アルプス山脈のモンブランって山に見立てたお菓子だって

知ってた？　そう言えば黄色い険しい道がグルグル続いて頂上に黄色い栗が乗ってるわよね。

そりゃ、下から見上げたら栗までたどり着くのは大変そうだけどさ？

あんまり考えすぎても仕方ないじゃない？

上からガブッって食べたら美味しいよ？　それでいいんじゃない？

恋をしたい、だったらつべこべ言って自分を守ってないで楽しめばいいじゃない。

その気持ち、大事だと思うよ。

★ダメ恋愛脱出のヒント40

トラウマは自分で乗り越える努力をしましょう。

恋愛なんて傷つくことがたくさんあって当然なのよ。

新しい扉を開けたら、必ず新しい世界が待っているわ！

彼氏の携帯を見てしまう女

妄想に苦しむ恋は卒業して

彼氏の携帯を見るか見ないかという選択肢って恋愛あるあるだと思うけど、見てもいいことなんて何一つないのよ。

だっていいことなんて入ってるはずがないんだから。

でも**見たいと思ってしまうということは何かしら疑問があるか、自分でも別れようって思ってるからなんだと思う。**

だから携帯を見るなら別れる覚悟を持つ。絶対にヒステリックにならないって呪文のように唱えてから見るしかない。だって浮気してる証拠がその中にあったら大騒ぎしてしまうだろうけど、そんなことをしても何の解決にもならないんだから。

現場を押さえるなり証拠をいくつもつかんで問いつめて別れさせる、ってことはできるだろうけど、別れさせたところで彼氏は前科者になってしまうから、また浮気するんじゃないかって疑心暗鬼になってしまって何から何まで疑ってしまう。

信用できなくなって悔しくて悲しくてそれでも好きだからこそ気になってしまうし、自分を責めがちになってしまって許せない、信じさせてほしい。

信じてもまた裏切られたらどうしようって苦しくなってしまうのよね。

浮気をしたほうが悪いのに、浮気をされたほうが辛い思いをするなんて、許さなきゃいけないなんて、理不尽なことなんだけど、そうしなければ続けることなんてできないし、だったら別れたほうがどんなに幸せになれるかわからないわ?

でも一度浮気されて別れても「男の人はみんな浮気をするもんだ」って思ってしまって、それがトラウマになって男性が信用できない。恋をするのが怖い。また浮気されたら立ち直れない……って妄想に苦しんで恋を楽しめなかったり、コソコソ彼氏の携帯チェックがやめられなくなってしまったりするの。

信じていた彼が浮気していたのを知ったら、それは辛いし自分に何か悪いところがあったのかって思って自分を責めたり、浮気する人が信用できなくてトラウマになってしまったりする。

でもさ？　知ってほしいのは浮気って別に男だけがするもんじゃないよ。女だってする人はする。男だってする人はする。だから男の人が信用できないとか、恋をするのが怖いとか結局、自分が傷つくのが嫌なだけよ。

「エビフライ」を想像して？　エビフライ

のしっぽ。食べるって人と食べないって人がいて食べるのなんて変！とか食べないなんて変！とか言う人、いるけど。ぶっちゃけどうでもよくない？

食べたいなら食べればいいし、食べたくないなら食べなければいい。それは個人の自由じゃない。

その元カレの浮気のせいで人間不信みたいになる必要なんてない。その元カレは浮気した人。自分は浮気を許せない人。だったらこれで良かったって思って進まなきゃ。

別にわかり合う必要もなくて、自分を尊重すればいい。

そして自分と同じように浮気はしない人を探せばいいのよ。

ダメ恋愛脱出のヒント41

携帯を見るならヒステリックにならないと心に決めて。元カレの浮気のせいで人間不信になる必要はない。改めて貴女だけを大事にしてくれる人を探せばいいだけよ！

元カレを忘れられない女

過去はよく見えるだけ

元カレを忘れられない女っているわよね。

毎回毎回恋をするたびに大恋愛で、失恋のショックから立ち直るのに2ヶ月くらいかかるけど、新しい男ができればすぐに忘れられる、なんてのもいるけど、**こんなに好きな人にはもう出会えないかも……とか思い込んで5年も10年も忘れられないみたいなのはもう元カレ病よ。思い込みの病気。**

で、何がそんなにひっかかってるんだろうって思うと、やっぱり彼に言われたセリフが自分の中で美化されてるんだよね。

付き合ってる最中に言われた「結婚したいよね」みたいなのもさ？　別れたあとに「結婚したいって言ってくれたのに！」「プロポーズされたのに！」ってすがってしまうのよ。**あの言葉は真実だったと思いたい**のよ。でも、そんなのその場のノリだったかもしれないし、その時は本気でその気持ちはあったけど……って話なのよね。

他にも「彼氏と別れて2ヶ月経ちました。私はまだ彼のことが好きです。付き合ってる頃は、クリスマス一緒にすごそうとか誕生日は盛大にお祝いするねとか、春になったら旅行しようとかいろいろと約束してくれていました。だから別れた後もクリスマス一緒にすごしてくれるって言ったのに……と思ってメッセージを送りましたが、既読になっても返事は来ませんでした。もうすぐ私の誕生日ですが、約束したからまたメッセージを送ってもいいですよね？　誕生日くらい祝ってもらってもいいですよね？」みたいな**「約束が忘れられない」**とかさ？

気持ちはわかるのよ。あたしも初めて付き合った男に「今度、花見行きたいよね」とか「夏になったら花火しようよ」とかいろいろ言われてて……でも別れてしまって。あの時、約束したんだから！って心のどこかで思ってしまって、連絡したい気持ちでいっぱいになって……。

でも付き合っていた頃の約束ってさ。「ミルフィーユ」みたいなものなのよ。重ねて、重ねて、重ねて綺麗に積み重なって形になっていくの。予定が実行されて約束が実行されて、一つひとつ素敵な思い出になっていく。

でもミルフィーユって綺麗だし美味しいけど崩れやすくもあるよね。食べる時は横に倒して食べると綺麗に食べられる……なんて言われているように、そのままフォークでエイッ！ってやるとドンガラガッシャーンって簡単に崩れちゃうの。

付き合っていた頃の約束なんて、別れてしまえば簡単に崩れてしまうんだよ。実行されることはないの。だって終わってしまったんだもん。

どんな約束していても別れてしまえば無効。

「結婚しようね」って口約束しても別れてしまえば結婚なんてないでしょ？

それと同じよ。まだ気持ちがあるから約束を口実に彼に連絡したい。連絡して返事がほしい。返事があったら会いたい。会ったらまたやり直せるかも。キスできるかも。約束を守ってもらえるかも、ってたくさん妄想してしまう。

でも、もう終わったのよ。恋は終わったから約束も何もないのよ。少なくとも彼の中ではなかったことになってるし、返信しないのも彼の気持ちがもうない証拠。

そして、**変に返信して期待を持たせないように勘違いさせないように思わせぶりなことをしないのも彼の優しさ**だと思う。

その優しさを理解しないで、自らミルフィーユを下手に食べるように崩しちゃだめ。そこには何もないわ。求めても自分の心がぐちゃぐちゃになって、よけいに彼のことを忘れられなくなるだけ。

せっかく美味しい思い出があるんだから。食べ終わったらお皿を洗って、心も洗って、涙で洗い流して前を向きましょう。

ダメ恋愛脱出のヒント42

彼に言われたセリフは自分の中で美化してしまうもの。どんな約束をしていても、別れてしまえば無効なの。もう終わってしまったんだから、また新しい恋を探すしか道はないのよ！

43 別れの理由にこだわる女

理由を追っても意味ないよ？

別れの理由を知りたがる女っているのよね。

自然消滅とか音信不通にされて、何が原因なのかわからないとか。電話1本で「別れよう」って言われて会ってもらえないしメールを送っても拒否されてるとかなら、まぁ、どうしてフラれたのか知りたいって気持ちもわかる。だけど「仕事が忙しくてかまってあげられないから別れよう」とか言われてるのにさ？

「信じない！　他に好きな女ができたの？　本当のことを言ってほしい！　本当のことを言ってくれたら諦めるから！　私のどこが嫌いになったの？　嫌なところがあっ

たら直すから！　やり直すことができなくても今後の参考にしたいから！」

とか言う女って、また同じ理由でフラれたりしたくないから別れの理由を知りたいの！っていうのを口実に、**彼と何とかもう一度会おうとする女**とかなのよね。

だいたい何が嫌いで好きなんて人それぞれなんだから、その人が嫌だったところを聞いたところで次の恋に活かせるかなんてわからない。

「3年付き合った彼から突然別れようと言われました。前日までラブラブだったのに。理由を聞いてみると、結婚しないのにダラダラ付き合うのが申し訳ない。仕事が忙しいからまだ結婚は考えられない。俺は幸せにできない。だから別れようというものでした。

私も結婚はまだ先でいいと思っていたので、別れたくないと言いましたが時間を無駄にしては申しわけないの一点張りで別れることになりました。でも本当にそれだけが理由なのでしょうか。私に悪いところがあれば直すこともできるのに。それとも他に好きな人でもできたのでしょうか」

みたいな相談ってよくあるんだけど、**前日までラブラブだと思ってるのはおめでたい女で、彼はいろんな嫌なところを見て、それが積み重なって別れを切り出してるっ**

てことに気づくべきなのよ。

たとえばよ？　朝、お母さんが「今夜はステーキよ！」って言ったとするじゃない？　それで楽しみにして家に帰ったらさ？　お母さんが言うわけよ。「ごめーん。今夜は冷凍餃子になっちゃった！」って。

ステーキだと思ったのに冷凍餃子が食卓に並んでたら「なんで？　どうして？」って聞きたくなるわよね？

で、お母さんが言うのよ。「ほんとごめんね。今日はバタバタ忙しくて作る時間がなかったのよ」とかね。本当の理由は昼寝してたら晩御飯の時間になっちゃったのかもしれないけど、言われた方は言われたことをそのまま信じるしかないじゃない。

別れの理由も同じであってないようなもの。

自分が悪者になりたくないから、別れをスムーズにしたいから、よけいな詮索をさせずに綺麗に別れたいから。別れを切り出す方はいろいろ考えるのよ。

仕事が忙しいのは本当でしょう。結婚を考えてないから申しわけないと思うのも本当でしょう。もしかしたら、寝ながら屁をするところに幻滅していたのかもしれないし、実は他に本命の彼女がいて自分は単なる遊びの女だったのかもしれない。

でも、その理由は彼にしかわからないし、根本的なところを考えれば別れたいから別れる。ただそれだけなのよ。**彼の気持ちが離れてしまったなら、それが別れの原因なの。それを受け止めるしかないわ？**

ダメ恋愛脱出のヒント43

献立が変わった理由を聞いてもステーキは食べられない。
別れの原因を知ったところで彼の気持ちが戻ってくるわけではない。
悲しいけど、受け入れましょう。

復縁したい女

「もしかしたら」を捨てた先に希望があるの

復縁したい女性って多いわよね。

ま、彼氏と別れたばかりとか独り身の時間が長いとついつい元カレのことを考えてしまって、あの彼ともしもあのまま付き合ってたらな~なんて思うと、よりを戻したくなって5年ぶりに連絡してみる！みたいな人とかもいるし。

新しい出会いを探すってさ？　1からのスタートだから、元カレだといろいろお互いのことを知ってるし、積み重ねた歴史もあるから、簡単なような気がしてしまうのよね。

でも、5年も会ってなかったら、もう彼は他の女と幸せになってるだろう！って普通は思うんだけど、復縁したい女って自分の気持ちが優先されてるから、**相手の生活なんて関係ない**んだよね。自分は一人だから、もしまだ彼も一人ならチャンスかも！くらいポジティブに前のめったりして。

元カノから5年ぶりに連絡がきたら、嬉しいどころか恐怖よ恐怖、みたいな。

あとは「半年付き合った男性にふられました。こんなに好きになった人は初めてで、何度もしつこく復縁を迫ったら、受信拒否されてしまいました。でも忘れられないんです。彼がいいんです。悪いところを直したらまた付き合えるんじゃないかと思ってしまいます」みたいな人もさ？

「ガム」を想像してみるべきね。チューイングガムね。

失恋は辛いけどさ。自分がやり直したくて仕方なくてもさ。相手に気持ちがなくなってしまったら、それってどうにもならないことなんだよね。

自分にはまだ気持ちがあるからやり直したい。私に悪いところがあったら直すから。復縁さえすれば幸せになれる。だってあんなに好きになった人はいないからって、ガムを噛むみたいに彼との思い出を噛みながら復縁の妄想をしてしまうんだけど、**妄想しているうちに過去がどんどん美化されていつかやり直せる、彼もそう思ってるはずって勘違いしちゃうんだよね。**

そもそも嫌いになったとか無理とか他に好きな女ができたとか何か理由があって彼だってフってるわけで。

でもフラれた女はいつまでも噛み続けている。味がなくなってもまだ味があるかも。まだ噛める。まだまだまだまだって失恋を噛み続けてるんだよ。

それじゃ、忘れられないよ。味のなくなったガムを捨てるタイミングがわからなくなってるよ。

でも、ずっと噛んでることなんてできないよ。飲み込むこともできないなら、いつかは口の外に出さなきゃ。口の外に出して自分で終わりを受け入れなきゃ。

しかもしつこく復縁迫ったなんてストーカーだと思われてるよ。受信拒否までされてるのにいつまでも引きずるなんて、状況が見えてないのよ。

空気が読めないの。マナーを守らずガムを道端に吐き捨てる人みたいに、**自分のことしか考えられてない。**

失恋して悲しいのはわかるけど、独りよがりじゃどうにもならないよ。お互い好き同士で付き合ってもどちらかに気持ちがなくなってしまったら別れはやってくるの。

それは受け入れなければいけないのよ。

ダメ恋愛脱出のヒント44

相手に気持ちがなくなってしまったら、もうどうにもならないのよ。失恋後はいつまでも「味」を求めずに紙に包んで捨てる勇気を持って。新しい恋のほうがもっとずっと美味しいわよ。

おわりに　自分を幸せにできるのは自分だけです

最後までお読みいただきありがとうございます。

恋愛がダメな人は食生活、そして食事のマナーがダメな人と似ていると思います。

たとえば暴飲暴食をして太ってしまったり痛風になったり、病気になったりしてしまう人。過激なダイエットや絶食を繰り返してやせ細ってしまう人のように、ダメ恋をする人は押しすぎたり卑屈になりすぎたり極端な恋愛の仕方をします。

食事のマナーが悪い人もそうです。好き嫌いが多かったり、食べ物を粗末にしたりするように、恋愛でも好き嫌いが多く、自分を粗末にするような恋をしがちです。

恋愛を特別なこととしてとらえすぎている人も、こう考えてみてはどうでしょうか。

毎日毎日、高カロリーの豪華な食事を取っていたらそのうち飽きませんか?

恋愛上手な女性、そしてイイ女はダメ女が思っているほど「特別」なことはしていません。バランスよく健康を考え食事をするように。食べすぎたら少しだけ野菜を多く取ったり、運動をしたりしてみるように。恋も同じです。

特別にとらえすぎるのではなく、当たり前に食事を取るように、生きるために食事をするように、そして食べられることに感謝をするように、恋愛でもごくごく当たり前に自然体でいられるし感謝を忘れずにすごせるんです。

ダメ恋愛をしてしまう人は食生活の改善をするように、自分の恋愛をもう一度よく見直して改善してみましょう。

ハラハラドキドキするだけが恋ではありません。穏やかに健やかによく噛んでバランスよく取るよう心掛けることが脱・ダメ恋愛への一歩となります。

だって何のために食べるって自分のためでしょ？　恋愛も人生も仕事もそうよ。自分で自分を幸せにすることが幸せの近道であり、自分が周りを大事にするから周りの人からも大事にされるのです。

どうか素敵な恋をして幸せになってください。美味しい恋になるように。

最後にすばる舎のHさん。イラストを描いてくださったＮｏｂｂｙさん。Ｓ・Ｏさんに感謝です。それではまたいつかどこかでお会いしましょう。

笑顔になれるおまじない。ちゃおぶっこ！

ゴマブッ子

〈著者紹介〉

ゴマブッ子（ごまぶっこ）

◇―カリスマゲイブロガー。恋に悩む2､30代を中心とした女性たちの相談を、ブログ「あの女」でぶった斬る日々。ブログのデイリー最高アクセス数は414万PVを誇る。著者が描いた「白鳥の絵」をケータイの待ち受け画面にすると、願いが叶うという伝説も。著者のブログや書籍を読んで結婚への切符、前向きな人生を手にしたという報告が多数寄せられている。本書では「うまくいっていない恋愛」に悩む女性読者に、自力で幸せをつかむ方法を伝授している。

◇―著書に『元カレの呪縛』『"独り身"の呪い』（ともに大和出版）、『女のしくじり』（ヴィレッジブックス）､『しくじり女の座右の迷』（主婦と生活社）他多数。

ゴマブッ子オフィシャルブログ
「あの女」
http://ameblo.jp/ano-onna/

脱・ダメ恋愛

2015年3月19日　第1刷発行
2016年4月5日　第4刷発行

著　者―――ゴマブッ子
発行者―――徳留慶太郎
発行所―――株式会社すばる舎

東京都豊島区東池袋3-9-7 東池袋織本ビル　〒170-0013
TEL　03-3981-8651（代表）　03-3981-0767（営業部）
振替　00140-7-116563
http://www.subarusya.jp/

印　刷―――株式会社シナノ

落丁・乱丁本はお取り替えいたします

ISBN978-4-7991-0420-0